Romina S. Bo...

LAS MEJORES TÉCNICAS PARA COMBATIR EL ESTRÉS

Grulla

Agradecemos muy especialmente la colaboración de Bertha C. Estrada en la realización del capítulo correspondiente al Hatha Yoga.

Primera edición: 2000 ejemplares, agosto de 2002

I.S.B.N.: 987-520-181-2

Se ha hecho el depósito que establece la Ley 11723
Copyright by LA GRULLA S.A.
Bartolomé Mitre 3745 Ciudad Autónoma de Buenos Aires
República Argentina
IMPRESO EN ARGENTINA
PRINTED IN ARGENTINA

CAPÍTULO 1:

Nuestro cuerpo también está en crisis

¿Cómo vivimos hoy?

Nuestro cuerpo no es una estructura hermética que funciona desconectada del medio que la rodea. El organismo, para mantenerse sano y en equilibrio, requiere de encontrar la fórmula adecuada para adaptarse, es decir, funcionar en armonía con todo aquello que tiene alrededor, desde un punto de vista social, cultural, geográfico, ambiental, político, etc.

Desde el siglo pasado, este proceso se ha ido tornando cada vez más complejo y difícil. Los hábitos y condiciones ambientales de la vida moderna ponen a prueba diariamente nuestras capacidades de adaptación, hasta llegar a constituirse en una seria amenaza para el desarrollo humano.

La incesante sucesión de episodios inéditos, la aceleración y cúmulo de actividades, la incertidumbre respecto al futuro y la inseguridad, dueña de las calles en las grandes ciudades, también se siente en nuestro cuerpo. Las crisis económicas y sociales son factores primordiales del estrés.

Además, es necesario tener en cuenta que el estrés hace que aumente la sensibilidad ante las situaciones que pueden provocarlo, lo cual nos vuelve más intolerantes a este fenómeno. Es así como puede generar un agravamiento de afecciones preexistentes o desencadenar nuevos trastornos, con origen directo en la situación de crisis que se presenta.

Recientemente, se ha advertido que de la mano de la crisis moderna han aumentado significativamente los padecimientos relacionados con alteraciones del ritmo cardíaco, los problemas digestivos, la hipertensión arterial, afecciones en la piel (eccemas, herpes, caída brusca del cabello, etc.), problemas de ansiedad, y malestares no específicos.

En definitiva, podemos concluir que el estrés es el origen común de numerosas enfermedades, tanto físicas como psicológicas pues, cuando el mundo está en crisis, también lo estará nuestro cuerpo y nuestra propia existencia.

¿Qué es el estrés?

En 1930 Hans Seyle definió al "Síndrome de estar Enfermo", que más tarde llamó estrés, como "una respuesta inespecífica del organismo a cualquier demanda".

A partir de entonces, se han ido sucediendo investigaciones en el área y diversas disciplinas han tratado de abordar la problemática del estrés y explicar este fenómeno desde distintos puntos de vista.

Tomando como base los conceptos vertidos por los grandes

científicos y pensadores que echaron luz sobre la problemática relacionada con la adaptación y el estrés, nos permitimos ensayar la siguiente definición:

El estrés es la reacción de ansiedad, producida por la mente y el cuerpo, que experimenta cada persona cuando tiene que hacer frente a demandas del medio en donde se mueve y que, por alguna razón, le resultan excesivas. Por lo tanto, una misma situación puede ser mucho más estresante para un individuo que para otro.

En sentido amplio, podemos afirmar que el incremento del gasto energético corporal del individuo constituye una reacción no específica a las demandas creadas por el estrés.

Una buena noticia: el estrés positivo

Desde un punto de vista, el estrés puede entenderse como una sobrecarga para el individuo. Los efectos de esta sobrecarga dependen tanto de las demandas de la situación como de los recursos con los que cuenta el individuo/a para afrontarla. En consecuencia, cuanto mayores sean las exigencias y menores los recursos de los que podamos disponer, mayores serán los efectos que la sobrecarga nos provoque.

Sin embargo, el estrés puede ser también positivo, e incluso es necesario en una infinidad de acontecimientos de la vida. El estrés no se caracteriza sólo por experiencias traumatizantes o dolorosas. Está presente en el salto de alegría al recibir una excelente noticia, o en las explosiones de risa de los niños. Para la mayoría de nosotros, cada día de nuestra vida aporta algún suceso que nos provoca estrés. Algunas veces resulta agradable, otras no, y en conjunto podemos decir que lo toleramos bastante bien.

Estrenar una obra de teatro, contraer matrimonio, participar de una competencia, mudarse de casa, etc. son circunstancias más o menos ordinarias que generalmente provocan estrés.

Cuando están a nuestro favor...

El estrés es generalmente positivo cuando interpretamos que las consecuencias de la situación se traducirán en un estado de bienestar y alegría. Por el contrario, si percibimos que dichas consecuencias serán desagradables o perjudiciales, el estrés será negativo.

En ambos casos el estrés produce cansancio, activación fisiológica, etc.

El estrés positivo genera emociones positivas o agradables, mientras que el estrés negativo produce emociones negativas o desagradables.

El convivir con los dos tipos de estrés nos ayuda a crecer. Una de las contribuciones más importantes de Seyle a nuestra comprensión de este fenómeno es el haber subrayado que cierta cantidad de estrés es esencial para la vida y que, mientras que puede ser perjudicial tener demasiado estrés, resulta aburrido tener demasiado poco.

En cuanto al estrés negativo, debemos tener presente que existen modos más o menos efectivos de responder a las situaciones que lo generan y técnicas para superarlo. Frente a una situación de estrés, generalmente se reacciona en forma espontánea. Pero también, tenemos la oportunidad de considerar otras posibilidades antes que **simplemente reaccionar.**

Podemos responder en lugar de reaccionar; y al responder se nos presentarán infinitas elecciones posibles para hacerle frente, sacar el mejor provecho posible del episodio estresante y evitar sus impactos negativos.

Para "armar la respuesta" adecuada debemos procurar que ésta nos sirva de "aliado" para encarar, con los mejores recursos, el trabajo interno que cada uno de nosotros hace para adaptarnos a la situación estresante.

Para iniciar esta búsqueda nos será de gran utilidad conocer qué es el estrés, qué lo provoca, con qué recursos contamos para manejarlo, cuáles son las técnicas y terapias que se utilizan para tolerar sus impactos negativos y cómo podemos prepararnos para sacarle provecho a este proceso de crecimiento.

Éstas son las premisas que dieron origen a este libro, que esperamos que aporte un rayo de luz al camino y ayude a fortalecer las herramientas necesarias para elevar nuestra calidad de vida.

¿Qué impacto tiene el estrés sobre nuestro organismo?

Hemos señalado que el estrés es la reacción de la mente y el cuerpo a las demandas del medio, es decir, a situaciones amenazantes o desafiantes que se presentan a lo largo de la vida. Estas situaciones son conocidas como *estresores*. La reacción del organismo al estrés se lleva a cabo por etapas, cada una de las cuales posee signos y síntomas particulares.

1. Estado de alarma
2. Estado de resistencia
3. Estado de agotamiento

Antes de explicar qué nos pasa en cada una de estas etapas, resulta productivo conocer qué ocurre cuando vivimos en estado de equilibrio. Este estado se llama "de homeostasis" y se trata de un estado de balance y equilibrio que se logra en virtud de las capacidades orgánicas y naturales que todos poseemos para adaptarnos a las circunstancias.

Estado de alarma

Frente a una situación amenazante, el individuo se coloca en estado de alarma, lo cual produce el quiebre del equilibrio alcanzado y la pérdida de la homeostasis. Esta nueva situación interna es provocada por la liberación repentina de adrenalina al torrente sanguíneo. Sus efectos se manifiestan como una explosión de energía que se representa con taquicardia y alteración de la respiración natural. A nivel mental, se agudizan los sentidos, los cuales se preparan para procesar la mayor cantidad de información acerca del medio que nos rodea y darnos las mejores oportunidades de supervivencia.

De este modo, se dice que el organismo se prepara para "pelear o huir".

Si la crisis se resuelve, el organismo retorna al estado de homeostasis. Si no, pasa a la segunda etapa.

Estado de resistencia

La segunda etapa de reacción llamada "estado de resistencia" es aquella por la cual -persistiendo la amenaza y no habiéndose encontrado los medios para resolver el conflicto- el organismo debe realizar otro esfuerzo extra para sobreponerse a la situación, lo que le produce mayor desgaste y debilidad. Si este esfuerzo debe sostenerse en el tiempo o es frecuentemente requerido por el organismo para enfrentar situaciones diversas, genera cambios emocionales como irritabilidad, angustia, fatiga, etc.

Estado de agotamiento

Cuando el estresor continúa acechándonos durante un período prolongado, se alcanza la etapa de agotamiento. Como resultado de esta evolución, encontraremos un organismo totalmente fatigado y sin la energía necesaria para combatir al estresor, lo cual redundará en insuficientes defensas naturales, y un cuerpo más proclive al desequilibrio y a contraer o desarrollar enfermedades.

Es preciso tener en cuenta que no todas las situaciones que nos causan estrés y demandan grandes esfuerzos para enfrentarlas nos llevarán indefectiblemente por las tres etapas de reacción descriptas. Nos toparemos con situaciones que nos demandarán algunos esfuerzos menores, los cuales, la mayor parte de las veces, serán superados sin problemas.

Síntomas asociados al estrés

Si bien hemos advertido que las reacciones a las situaciones estresantes son individuales, conocer en líneas generales los síntomas y signos que expresan el estrés nos ayudará a comprender qué nos está pasando.

A continuación, describiremos lo que sucede en la mayoría de los casos cuando padecemos estrés o nos enfrentamos a situaciones estresantes:

A nivel físico:	Tensión muscular, comúnmente localizada en el área de la cara, mandíbulas, cuello, hombros y espalda. Jaquecas localizadas en la nuca. Malestares digestivos. Taquicardias. Sensación de falta de aire, alteración de la respiración. Sudoración y temblores, principalmente en manos. Dificultad para tragar. Sensación de vértigo. Disminución de la capacidad inmunológica del organismo (baja de defensas).
A nivel emocional:	Impaciencia. Irritabilidad y nerviosismo que afecta el desarrollo de las acti-

	vidades diarias. Problemas de concentración. Apatía o pérdida de interés en actividades consideradas placenteras, que más tarde puede desencadenar una depresión. Negativismo.
A nivel conductual:	Insomnio (dificultad para conciliar el sueño o mantenerlo). Ansiedad con arranques de hiperactividad. Aislamiento. Trastornos del apetito (excesivo o escaso). Tendencia al abuso de drogas de tipo estimulante (cafeína, nicotina, etc.) o depresoras (alcohol).

Se ha comprobado científicamente que el estrés impacta negativamente en el sistema inmunológico del organismo, es decir, que hace que desciendan las defensas del cuerpo. Consecuentemente, nos hace más proclives a desarrollar infecciones de origen viral, bacteriano o micótico. Además, los efectos del estrés también pueden complicar los cuadros que se nos presenten o las enfermedades preexistentes, por ejemplo, haciéndolas crónicas.

Los padecimientos como la hipertensión, las jaquecas y migrañas, la gastritis, la colitis, la psoriasis u otras deficiencias en la piel y las enfermedades cardíacas en la mayoría de los casos tienen relación directa con el estrés.

Por lo tanto, resulta fundamental aprender a reconocer los signos y síntomas asociados al estrés y tener a mano técnicas diversas para manejarlo lo mejor posible.

Trastornos por estrés

Existen dos categorías básicas referidas a los trastornos por estrés, según la duración y el momento de aparición de los efectos que genera una situación estresante. Éstas son los Trastornos por estrés postraumático y los trastornos por estrés agudo. Veamos cada una de ellas:

Trastorno por estrés postraumático

Se estipula que una persona sufre de un trastorno por estrés postraumático cuando ha experimentado, ha presenciado o se ha enterado de acontecimientos caracterizados por muertes o amenazas para su integridad física o la de los demás, y la persona ha respondido con temor u horror intensos. Como resultado de ello, la persona puede experimentar alguno/s de los siguientes síntomas:

• Vuelve a experimentar, en sueños y pesadillas, el hecho traumático.

• Tiene la sensación de estar viviendo nuevamente el hecho traumático (flashback).

• Tiene pensamientos, sentimientos o imágenes relacionados con el hecho traumático.

• Sufre trastornos de sueño, irritabilidad, falta de concentración, sobresalto.

Trastorno por estrés agudo

Es aquel por el cual las personas exhiben los síntomas recién mencionados dentro de las primeras cuatro semanas (debido a que el trastorno por estrés postraumático no puede ser diagnosticado hasta un mes después de transcurrido el hecho estresante).

El trastorno por estrés agudo incluye a la mayoría de los síntomas del trastorno por estrés postraumático.

El trastorno por estrés agudo, para ser considerado como tal, debe durar 2 días como mínimo y cuatro semanas como máximo, y los síntomas aparecen dentro del primer mes que sigue al acontecimiento o hecho traumático.

Las diferentes reacciones al estrés

Así como cada persona posee un carácter y una personalidad que le es propia, construida a lo largo de los años y condicionada por las experiencias familiares y psicosociales particulares que le han tocado tener en la vida; también cada persona reacciona de una manera peculiar frente a situaciones de estrés similares.

Desde un punto de vista general, podemos decir que existen dos tipos de personalidad:

Personalidad tipo A

Personas temerarias, que viven apuradas, y en las que se observa cierta carga de agresividad.

Se trata de personas competitivas, con grandes ambiciones y altas expectativas de sí mismas, que se estimulan con los retos que depara la vida y las situaciones que les exigen su mayor esfuerzo.

Con este tipo se corresponden las personas a las que les gusta sobresalir y liderar. Por lo general, tienden a frustrarse con facilidad, y no soportan cometer errores.

Personalidad tipo B

Individuos que se toman las cosas con calma, no se sienten tan seguros frente a los grandes retos, son más tímidos, se conforman con mayor facilidad, no son competitivos y tienden a la inactividad y al pesimismo.

Ninguno de nosotros posee una personalidad pura de tipo A o B, sino que somos una combinación de éstas, con predominancia de uno u otro. Sin embargo, conocer los dos tipos principales nos ayudará a observarnos y comprendernos, todo lo cual será muy útil a la hora de detectar y manejar las situaciones que se nos van presentando y que tienen el potencial de generarnos estrés.

La ventaja de quienes tengan una personalidad más cercana al tipo A será principalmente su capacidad de disfrutar de las situaciones de gran exigencia; mientras que la ventaja fundamental para aquellos más próximos al tipo B será que estarán menos expuestos al estrés.

Ranking de situaciones estresantes

El estrés se ha entendido como la reacción a una serie de situaciones altamente relevantes que generan una fuerte demanda de recursos para la persona que lo padece. Estas situaciones pueden ser de diversa índole. A continuación, listaremos algunas de ellas:

- Pérdida de un ser querido
- Separación o divorcio
- Ruina económica
- Mudanza
- Matrimonio
- Catástrofes naturales
- Problemas con la justicia o intervenciones judiciales
- Nacimiento de un hijo
- Accidentes
- Intervenciones quirúrgicas, etc.

Obsérvese que estas situaciones no son nada extrañas, sino más bien muy comunes.

Durante los últimos treinta años, el estrés se ha ido consolidando como una verdadera epidemia en las sociedades modernas. Comenzó a manifestarse durante los años ochenta como una enfermedad propia de los ejecutivos y, hoy en día, ha alcanzado a toda la población: desde los niños hasta los ancianos. Nadie podrá escapar de sus efectos, pero todos podemos prepararnos para tolerarlo y evitar su impacto negativo.

Como vimos con anterioridad, resulta provechoso entender al estrés como un proceso interactivo, en el cual entran en juego las demandas de la situación por una parte y los recursos del individuo para afrontarla por la otra.

Índice de terapias naturales contra el estrés

Durante las últimas décadas, se ha podido apreciar una tendencia hacia la integración de la medicina tradicional y los enfoques naturales y orientales, lo cual se evidenció primero en la aceptación y luego en la jerarquización del yoga, la medicina homeopática u holística, la fitoterapia, la acupuntura, los ejercicios de relajación y demás técnicas practicadas con el objeto de elevar la calidad de vida.

A fuerza de dolorosos padecimientos, la humanidad ya ha alcanzado un profundo conocimiento en la materia. Y, gracias a ello, disponemos en la actualidad de muchas técnicas y estrategias que fueron diseñadas o adaptadas para el tratamiento de diversos problemas relacionados con el estrés. Algunas tienen gran utilidad a nivel preventivo de cara a aumentar las capacidades de adaptación del individuo, mientras que otras poseen una función terapéutica que nos permitirá superar los trastornos causados por el estrés.

Los tratamientos farmacológicos pueden mitigar los síntomas derivados del estrés. Sin embargo, consideramos que para resolver el problema se necesita una mirada más profunda e integral, por lo que hemos priorizado el desarrollo, en esta guía, de terapias y estrategias naturales o alternativas.

Respiración

Las técnicas de relajación y respiración ayudan a mantener la armonía cuero-mente-espíritu. En el caso específico del estrés colaborarán con el trabajo interno del organismo para controlar la secreción hormonal y mejorar la distribución de oxígeno en el cuerpo, lo cual redundará en un mejor funcionamiento de los órganos corporales y un menor gasto energético.

Yoga y meditación

Se trata de dominar el cuerpo y la mente para lograr el equilibrio interior y exterior. A través de las míticas posturas y de la evasión de la mente lograremos recuperar el bienestar y alejar el estrés.

Relajación física

Se intenta aprovechar la conexión entre el cuerpo y la mente, partiendo de la base de que no es posible estar relajado físicamente y tenso emocionalmente. A través del aprendizaje de diversas técnicas de relajación física se logra reducir el nivel de tensión psicológica aun cuando persista la situación que origina la tensión.

Hierbas y plantas medicinales

Dan lugar a un interesante abanico de alternativas, como por ejemplo la fitoterapia, homeopatía, flores de Bach, que refuerzan los recursos propios del organismo para la autocuración y autorreparación física, mental y energética.

Alimentación adecuada

La adquisición de hábitos alimentarios adecuados mejorará el estado nutricional general de la persona, lo cual contribuirá a la prevención del estrés. Las grandes demandas energéticas que exige nuestro entorno determinan la necesidad de contar con importantes reservas de energía, las cuales pueden ser provistas por una dieta rica y balanceada.

Aromaterapia

Se fundamenta en la utilización de óleos y aceites esenciales derivados de plantas aromáticas y especias, y en los beneficios de los masajes, inhalaciones y baños. Los aromas se respiran o se absorben a través de la piel y su aplicación posee efectos curativos a nivel físico, mental y emocional.

A lo largo del desarrollo de esta sencilla guía iremos identificando las respuestas que nos permitirán superar los trastornos causados por el estrés y aprenderemos a prevenirnos de sus consecuencias. En los distintos capítulos veremos qué tienen para aportar a nuestra lucha la respiración, el yoga, la meditación, el reiki, los masajes, el feng shui, la homeopatía, las flores de Bach, la alimentación, y la aromaterapia.

Asimismo, les propondremos una serie de ejercicios prácticos para comenzar cuanto antes a ser protagonistas de nuestra propia existencia.

Para tener en cuenta

Como primera medida, cabe señalar que es absolutamente posible, e incluso muy recomendable, combinar terapias y estrategias para el control del estrés. Por ejemplo, podemos fundir la aromaterapia con la meditación o tomar un baño a la vez que disfrutamos una música que favorezca la relajación.

Lo que nunca es positivo es combinar estas terapias con las preocupaciones laborales o los tormentos personales. ¡Permitámonos gozar de unos minutos de paz!

Por otra parte, debemos tener presente que la aplicación de algunas técnicas que se describirán a lo largo de la presente guía requieren de la supervisión de un profesional para determinar cuál es el tratamiento más adecuado para cada persona en particular.

CAPÍTULO 2:

La respiración

Todos somos víctimas

Algunos estudios indican que entre el 60 y 90% de las visitas a los centros de salud tienen origen en el estrés y demás afecciones afines.

Un cambio trascendental para la medicina tradicional surge desde la aceptación generalizada, por parte de los profesionales, de que patologías como la úlcera y las enfermedades cardíacas se encuentran en íntima relación con el estrés. Por supuesto que los médicos lo sabían, pero como no estaba suficientemente comprobado, el conocimiento informal era, las más de las veces, dejado de lado.

Cuando un animal está a punto de convertirse en el desayuno de otro, ambos animales son víctimas del estrés. Uno o ambos sobrevivirán al encuentro, pero de cualquier modo, los dos "sabrán" que el episodio será tan breve que no tendrán tiempo para volver atrás o detenerse a "pensar" cómo actuar.

Por el contrario, nuestras reacciones más frecuentes no siguen este patrón. Cuando nuestro jefe nos insulta o nuestra pareja nos echa en cara algún reproche, aparece más tensión e incrementamos el volumen diario de estrés. Permitimos que nos perturbe, aun teniendo cabal idea de que ello no encauzará nuestras relaciones ni solucionará nuestros problemas.

Reflexiones sobre la respiración y el estrés

Durante los episodios altamente movilizantes (ataques de nervios, trastornos por estrés), se producen dos cambios fundamentales en nuestro cuerpo.

Uno es básicamente **químico**: la adrenalina y otros químicos producidos por el organismo son liberados a raudales con el objeto de darnos la mejor oportunidad para la supervivencia. El rango de cambios químicos que se producen con el estrés es muy amplio. Los niveles de hormonas en sangre cambian, se afecta el sistema inmunológico y el sistema nervioso se altera.

El otro cambio fundamental acontece en la **respiración**.

Mientras que los cambios químicos han sido ampliamente estudiados, muy poco se sabe respecto de las alteraciones en la respiración, lo cual es realmente sorprendente, puesto que mientras que los cambios químicos son complicados de medir e implican exámenes muy costosos para los pacientes, los estudios relacionados con la respiración son mucho más sencillos y accesibles.

El hecho de que los cambios químicos no puedan ser percibidos por nuestra conciencia, no colabora con la solución al problema del estrés. ¿Acaso tenemos alguna idea de cuál es el nivel óptimo de cortisol en nuestro organismo? Entonces, aun cuando las disfunciones o anormalidades ocurren, no hay mucho que podamos hacer para recuperar la armonía perdida.

Espontánea y natural

La respiración puede ser natural y espontánea, o la expresión de una respuesta orgánica a una circunstancia particular, que a su vez puede ser frecuente o totalmente aislada.

Puede tratarse de un tipo de respiración habitual y mecánica, o ejercitarse en forma controlada. Incluso, a veces, puede estar inducida, pero también puede ser el resultado de experiencias emotivas de toda una vida o de un particular estilo de vida.

Un hecho recurrente durante la larga historia de la filosofía oriental ha sido el cuidado en la respiración. De hecho, hoy en día no debería sorprendernos descubrir que un eje clave del cuidado de la salud en las naciones orientales pasa por la respiración.

Desde el punto de vista oriental, si la química del cuerpo se encuentra alterada, entonces la respiración no podrá ser natural; y si la respiración es espontánea y natural, la química será normal.

Consecuentemente con esto, se considera que si los malos hábitos respiratorios pueden ser corregidos, entonces los resultados que se obtengan serán curativos.

Sin embargo, la mayoría de los tratamientos relacionados con el estrés y demás afecciones afines suelen basarse en el abordaje de los síntomas mediante la prescripción de terapias esencialmente químicas. ¿No habrá que preguntarse, entonces, si lo que se logra es sólo suprimir los síntomas sin cuestionarse sobre las causas que le dan origen?

Otra de las ventajas relevantes de las terapias respiratorias sobre aquellas básicamente químicas es la simplicidad con que pueden ser llevadas a cabo y su bajo costo.

Como veremos más adelante, la respiración natural es la esencia de la meditación, por lo que no existe mayor complejidad que la que ella requiere.

Una de nuestras mayores inquietudes, como integrantes de la cultura occidental, es la falta de datos objetivos o científicos que relacionen el estrés y la respiración. Afortunadamente, esta realidad está cambiando sensiblemente y ciertas investigaciones han demostrado las transformaciones que se producen en la respiración cuando nos enfrentamos a episodios estresantes.

Así es como una persona se topa misteriosamente con un ataque cardíaco, cuando sería apropiado suponer que se encontraba crónicamente estresado, sufría una hiperventilación crónica, desperdiciaba habitualmente sus reservas alcalinas y se sentía cada vez más agotado.

En una situación como la descripta, notaremos que la memoria se afecta, se reduce significativamente la capacidad de concentración, se pierde energía... pero igual se sigue adelante. Posiblemente, uno se detenga recién cuando el corazón comience a quejarse por altavoz o tenga un gran susto.

Siguiendo esta línea de pensamiento, podríamos entender los motivos que llevaron a los maestros orientales a preocuparse por la respiración y por qué la medicina occidental es tan afecta al reposo.

¿Cómo respiramos?

Según el lugar de nuestro cuerpo al cual "llevemos" el aire que inspiramos, podemos distinguir fundamentalmente tres clases de respiración:

- La respiración superior
- La respiración media
- La respiración abdominal

Respiración superior

Es aquella que generalmente practicamos los occidentales. Es conocida como respiración superior o clavicular y se caracteriza por aprovechar poco nuestras capacidades respiratorias.

Se dice que es consecuencia de nuestra tendencia a llevar correas y fajas ajustando la cintura o atuendos muy ceñidos al cuerpo; como también a la postura que adoptamos por nuestro trabajo, mayoritariamente sentados durante muchas horas e inclinados hacia delante, lo cual nos obliga a encorvarnos y a obstaculizar la utilización del abdomen en la respiración.

Para la respiración superior sólo es necesario el movimiento rítmico de las costillas y hombros, lo cual implica que trabaje únicamente la parte

superior de los pulmones y se absorba una
cantidad mínima, y a veces insuficiente, de aire.

Respiración media

Es menos usual entre nosotros, pero cierto es que aquellos que acostumbran llevar una vida menos sedentaria la utilizan con mayor frecuencia. También, suele presentarse espontáneamente en aquellas personas que desarrollan su trabajo de pie o cuando en su jornada se le requieren actividades físicas de diversa índole. Se la conoce también como respiración intercostal. Este tipo de respiración es más beneficiosa puesto que tiende hacia la respiración abdominal.

En este caso, al inspirar se llena la parte
superior y media de los pulmones,
optimizándose los resultados.

Respiración abdominal

También conocida como diafragmática o profunda, es la que normalmente adquirimos durante el sueño o el descanso. Como lo indica su nombre, el eje central de este tipo de respiración lo cumple el diafragma.

El diafragma es el músculo vital que sepa-
ra la cavidad del pecho de la del vientre,
y estimula la circulación sanguínea.

Bajo esta modalidad, lograremos, además de llenar de aire la parte superior y media de los pulmones, utilizar la parte inferior, lo cual nos permitirá aprovechar al máximo el volumen de entrada y absorción de oxígeno.

Aprender a respirar

Una técnica de respiración apropiada es la clave para mantener el oxígeno y el anhídrido carbónico en niveles razonables. Es importante saber cómo respirar correctamente y, en especial, cómo hacerlo conscientemente cuando sentimos falta de aire o notamos la respiración natural alterada. Si no lo logramos cuando sea necesario, correremos el riesgo de angustiarnos, lo cual tendrá mayor incidencia negativa sobre nuestra propia respiración.

Si es abdominal, es mejor

Es muy recomendable sostener durante todo el día una respiración abdominal o diafragmática, ya que la capacidad pulmonar aumenta y permite la entrada de mayor cantidad de aire. Esto posibilita también la absorción de gran cantidad de oxígeno que luego se distribuye hacia las células de nuestro organismo.

Entendemos entonces que con la respiración abdominal se explotan al máximo las capacidades físicas y fisiológicas del individuo.

Para saber si realiza una respiración abdominal correcta, le sugerimos seguir las siguientes indicaciones:

1. Coloque una mano en el abdomen y note cómo, con cada inspiración (introducción de aire a los pulmones) se eleva, y cómo desciende con cada espiración (expulsión de aire hacia el exterior).

2. Presione suavemente el abdomen para hacer que el aire pase hacia el pecho y los pulmones.

3. Retenga el aire 2 ó 3 segundos.

4. Expulse el aire por la boca, suave y lentamente. Compruebe que lo primero que se contraiga sea el abdomen. Después, notará cómo el aire va saliendo desde los pulmones hacia la boca, a la vez que todos los músculos del tórax se van relajando y se emite un ligero y suave soplido mientras el aire sale.

¡Vamos a practicar!

En líneas generales, con la práctica de la respiración diafragmática colaboraremos con el buen funcionamiento de nuestro corazón y nuestro sistema circulatorio en general, equilibraremos la presión arterial y regularemos los procesos químicos del organismo. La actividad intestinal también puede ser beneficiada mediante la práctica de técnicas respiratorias específicas.

La práctica sostenida nos irá brindando calma y serenidad, a la vez que nos permitirá reconocer los temores que nos asechan y nos dará recursos para enfrentarlos.

Nos alimentaremos de fuerza vital y energía y, a medida que

vayamos ganando confianza, se desarrollarán mayores capacidades de vigilancia.

Durante la ejercitación de las técnicas, es aconsejable focalizar la atención en la zona del vientre. Al inspirar notaremos que se eleva mientras se infla y al exhalar veremos cómo se hunde, mientras el diafragma sube alentando la salida del aire.

Consejos para la práctica

• Comencemos todas las sesiones con tres respiraciones lentas y abdominales, tal y como se ha explicado.

• Procuremos que el ciclo respiratorio sea algo más lento de lo habitual, así como que la espiración sea más lenta que la inspiración.

• Tratemos de que la espiración tenga una duración aproximada del doble de la inspiración.

• Tengamos en cuenta el tiempo que tenemos para ejercitar la técnica respiratoria y el lugar en donde la practicaremos.

• No es aconsejable la ejercitación cuando estamos con el estómago lleno o en plena digestión.

• No nos exijamos más de la cuenta y, ante cualquier duda, consultemos al médico.

Esperemos los resultados sin ansiedad...
no olvidemos que los malos hábitos respiratorios
pueden haberse adquirido muchos años atrás.

Ejercitar una respiración completa

La respiración completa pone en funcionamiento la totalidad del sistema respiratorio y utiliza las tres formas de respiración abordadas, es decir, la abdominal, la media y la superior.

Se trata de un movimiento en tres tiempos, en una unidad del ciclo respiratorio.

Como resultado, los pulmones se ejercitarán en todo su potencial al tiempo que todas las células del cuerpo se oxigenarán en la medida adecuada.

Busquemos ayuda

Es muy conveniente, durante la etapa de iniciación, que se busque ayuda especializada, para que un instructor nos guíe en los primeros pasos. O bien que las personas que no hagan habitualmente ejercicio físico, ejerciten la respiración completa con prudencia y moderación, puesto que al poner en funcionamiento al abdomen no habituado puede generarse algún trastorno digestivo pasajero.

Posición

La posición adecuada para ejercitar la respiración completa es de pie, dejando los brazos caer al costado del torso. Debemos tratar en todo momento de mantenernos relajados y asegurarnos, en lo posible, de no ser interrumpidos.

1- Vaciamos todo el aire de los pulmones utilizando las fosas nasales.

2- Inspiramos también por la nariz todo el aire que podamos; pero a un ritmo lento y sin exigirnos demasiado.

3- Volvemos a expulsar el aire por la nariz a un ritmo más lento que el de la inspiración.

Aunque nos resulte imperceptible, durante la inspiración hemos utilizado las tres fases de las que hablamos.

A quienes intenten practicar el ejercicio de respiración completa por primera vez, les recomendamos observar esta inspiración en tres tiempos de la siguiente manera:

Posición
También de pie, o esta vez acostados en el suelo, apoyando nuestras manos sobre el abdomen, es decir a la altura del vientre.

1- Comenzamos vaciando los pulmones de aire igual que en el caso anterior.

2- Inspiramos lenta y profundamente.

3- En primer término advertimos que nuestras manos subirán empujadas por el abdomen, que se hincha como un globo, lo que nos dará la pauta de que el diafragma esta bajando, y que nos encontramos en fase abdominal o diafragmática.

4- Luego, observamos la parte central del tórax y el movimiento de las costillas inferiores. En ese momento el aire penetra en la parte media de los pulmones. Esta fase es la denominada media o intercostal.

5- Durante la misma inspiración, en tercer término observamos cómo el pecho se hincha, todo lo posible, con el fin de absorber la mayor cantidad de aire que se pueda. Podemos contraer el abdomen y asistir de esta forma a los pulmones para capturar más aire. Esta tercera fase es la que se considera superior o clavicular.

6- A continuación, exhalamos el aire de los pulmones por la nariz de forma lenta y en el mismo orden que seguimos al inspirar, es decir, primero contraemos la cara exterior del vientre, luego bajamos las costillas y, al final, bajamos y relajamos los hombros.

Durante los primeros días se puede ejercitar esta rutina durante uno o dos minutos. Una vez que la hayamos aprendido bien, aconsejamos aumentar progresivamente el tiempo.

Una técnica pasiva:
el monitoreo de la respiración

El método del monitoreo es una sencilla técnica que podemos practicar en todo lugar, en cualquier momento y para el cual necesitamos sólo unos minutos.

Esta técnica sencilla nos ayudará a estar atentos y a conocernos mejor.

Paso 1:   **Sentimos la respiración**

Cerramos los ojos y nos concentramos en la respiración. La sentimos. Primero, hacemos foco en la inspiración: sentimos el aire en las fosas nasales y nos concentramos en cómo va entrando en nuestro cuerpo. Comprobamos cómo penetra el aire en los pulmones.

Paso 2: **Observamos la pausa**

Al terminar la inspiración se produce una pausa en la dinámica del ciclo respiratorio, que antecede a la exhalación. La pausa tiene un impacto decisivo en la eficiencia del sistema. Nos detendremos en ella, pero sin esforzarnos. Sólo la observaremos.

Paso 3: **Observamos la exhalación**

Observamos la exhalación, sentimos el aire subiendo y saliendo de nuestras fosas nasales.

Paso 4: **Observamos la pausa**

Al final de la exhalación, se produce una segunda pausa. Nos detenemos también en ella. Repetimos los cuatro pasos, tres o cuatro veces. Sólo nos concentraremos en el ciclo respiratorio, sin tratar de manejarlo. Observaremos su ritmo natural.

Paso 5: **Contando la respiración**

Comenzamos a contar las inspiraciones: inhalación 1 (no contaremos las exhalaciones), inhalación 2, y así continuaremos hasta 10. Luego contamos de 10 a 1. Si olvidamos observar la respiración, comenzaremos de 10 nuevamente hasta llegar a la inhalación 1.

Observémonos respirando y, en particular, tratemos de percibir las pausas. Ellas son las expresiones de nuestro propio ritmo natural.

Enseñanzas del Hatha Yoga

Como veremos en el próximo capítulo, un módulo principal del Yoga es la respiración. El Hatha Yoga propone como eje central de su práctica el Pranayama, que consiste en técnicas psicofisiológicas de respiración completa, consciente y profunda, con control muscular y retención de aire.

> *Mediante ejercicios de Pranayama, se pueden canalizar las energías del universo para nuestro pleno desarrollo.*

La importancia del diafragma

Esta práctica señala al diafragma como el músculo más poderoso del cuerpo y se considera que su movimiento rítmico de bombeo hacia abajo, que presiona contra el hígado, el bazo, etc., es clave para estimular la circulación abdominal y general del organismo.

Con la respiración diafragmática se intensifican procesos vitales y la sangre venosa se libera de su exceso de dióxido de carbono y se carga de oxígeno. Además, el control muscular sobre el diafragma nos permite exhalar al máximo el aire residual de los pulmones.

Para obtener una oxigenación más profunda, se recomienda retener por segundos el aire inspirado. Aunque, no es recomendable esforzarse. Para los principiantes sugerimos hacerlo sólo por 2 ó 3 segundos hasta llegar progresivamente a un máximo de 15.

La respiración, una llave

El yoga ha explorado en extenso el terreno de la respiración, existen multiplicidad de técnicas y la especialización alcanzada es asombrosa.

Para cuidar nuestro delicado sistema respiratorio, le recomendamos estudiar las técnicas con guías experimentados y progresivamente ir avanzando en la basta y sabia materia.

Existen muchas técnicas de respiración que se utilizan en el yoga, pero el factor común de todas ellas es que en el ciclo respiratorio se encuentran las llaves para aumentar la resistencia orgánica y regular el equilibrio físico, mental y espiritual.

CAPÍTULO 3:

El yoga

Yoga: energía para vivir

El yoga es un antiguo sistema de posturas corporales (asanas) que busca, a través del control de la respiración, las prácticas de la meditación y la concentración, fomentar el bienestar general.

Nuestra vida diaria hace que se altere la armonía del organismo, pero con la práctica consciente del yoga, se puede restablecer el equilibrio.

Por eso, resulta una práctica especialmente beneficiosa en casos de estrés. La conjunción de un ejercicio suave, una buena práctica respiratoria y una especial atención a la relajación, logran quebrar estados de ansiedad y nerviosismo cotidianos.

Su origen

La del yoga es una práctica milenaria, originada hace miles de años en la India. No puede considerarse como una religión;

es una forma de educación personal entre un maestro y su discípulo. En el yoga no existe una creencia dogmática, tan sólo se pide que uno tenga fe en el propio potencial que llevamos dentro.

Todos, internamente, estamos hechos de cualidades; se trata de hacerlas aflorar mediante esta técnica personal.

Yoga, para elegir

Hay diferentes tipos de yoga pero todos ellos tienen una íntima relación y, al final, nos conducen a un mismo fin: a gozar de buena salud, vivir en completa felicidad y crear un estado total de armonía a nuestro alrededor.

Es conveniente empezar por el que enseña la auto-disciplina del cuerpo, que es el método para alcanzar una salud perfecta y que se conoce como Hatha Yoga.

Hatha Yoga

Ha significa sol y **Tha** luna, lo que significa, metafóricamente, balancear los opuestos.

El Hatha Yoga nos conduce a la Energía Universal a través del dominio del cuerpo, alcanzando una salud perfecta y un control de la respiración. Consiste en el uso de posiciones (asanas) y el control de la respiración (Pranayama). Está diseñada para la relajación y la disminución de la tensión. Ayuda al balance del sistema nervioso y estimula las funciones de los órganos internos.

Entre las ventajas que proporciona este tipo de yoga se encuentran:

• Aumento de resistencia al ejercicio.

- Endurecimiento y tonificación de músculos.
- Endurecimiento de los huesos, aumento en la oxigenación de la sangre haciendo que la respiración y la circulación sean más eficientes.
- Aumento en el metabolismo de la glucosa.
- Estimulación del sistema inmunológico.
- Mejoramiento en el funcionamiento de los órganos reproductivos y sexuales.
- Mayor balance de emociones.
- Aumento de concentración.

Tantra Yoga

Tantra significa expansión, lo cual, metafóricamente, indica que este tipo de yoga ayuda a conducir nuestra energía con el fin de alcanzar la realización del Ser, es decir, retornar a la esencia espiritual de donde descendió la manifestación en la que ahora vivimos sumergidos y a la que nos encontramos encadenados.

Raja Yoga

Raja significa realeza. Este tipo de yoga nos ayuda a conseguir el control de la mente y el poder del discernimiento, convirtiéndonos en seres creativos y dándonos la capacidad de reconocer a Dios como Verdad.

Karma Yoga

Karma significa acción y reacción. Este tipo de yoga nos ayuda a colmar nuestras aspiraciones espirituales realizando buenas acciones y servicios a los demás, de forma desinteresada.

Laya Yoga

Este tipo de yoga consiste en localizar los cinco principales centros energéticos que funcionan como umbrales para llevarnos hacia diferentes reinos con un mayor nivel de conciencia. Este proceso debe hacerse, indefectiblemente, con la guía de un maestro.

Mantra Yoga

Nos ayuda, mediante el poder del sonido y de la oración, a alcanzar ciertos estados espirituales de conciencia.

Bhakti Yoga

Se lo conoce como el Yoga del Amor o el Yoga de la Devoción o Devocional. Todas las técnicas, normas y prescripciones del Bhakti Yoga se aplicarán para el desarrollo de ese Amor o Devoción. Se describe al Bhakti Yoga como el camino más fácil y más natural para alcanzar la gran Meta Elegida.

Jnana Yoga

Jnana significa sabiduría. Este tipo de yoga consiste en enfocarse en la naturaleza de nuestra mente y de la realidad para alcanzar mayor conocimiento. Dirige el intelecto hacia preguntas como: quiénes somos, qué es la vida, cuál es la realidad, y cuáles cosas son permanentes e incambiables.

Yantra Yoga

Este tipo de yoga nos ayuda a unirnos con la Mente Universal para comprender las verdades metafísicas, haciendo uso de símbolos, estudiando los signos astrológicos, mandalas, etc.

¡A practicar!

El yoga puede ser practicado por cualquier persona sin importar su edad, su sexo, su religión o su credo. No hay ningún tipo de contraindicación, excepto que el médico establezca que, por determinadas circunstancias físicas, el individuo no esté en condiciones de realizar las posturas.

Condiciones para la práctica

Una vez autorizados por el médico, podremos realizar las posturas o asanas en sólo una hora o menos, dos o tres veces por semana, o cuando un especial estado de nerviosismo lo requiera.

La única condición es realizar las posturas en un lugar tranquilo y lejos de ruidos molestos. Sólo es necesaria una manta o una alfombra para evitar la dureza y baja temperatura del piso, y aflojar la vestimenta para permitir la normal circulación y respiración.

Ventajas de la práctica

Las posturas del yoga tienden al fortalecimiento y a la elasticidad de nuestra columna vertebral.

Los pulmones, el corazón y la circulación sanguínea de todo el cuerpo se verán favorecidos por los ejercicios respiratorios, siempre que se los practique en forma regular.

Además, con los ejercicios del yoga uno aprende, entre otras cosas, a concentrarse, a llevar una respiración lenta y profunda, a relajarse, a alejarse del mundo, a conocer y saber convivir con la soledad, etc.

Las asanas

Con las posturas de yoga se puede conseguir una relajación consciente y controlada, al mismo tiempo que se estimulan y regulan las energías que no funcionan adecuadamente, logrando alcanzar una conciencia más profunda y más estable de nosotros mismos y sustituyendo positivamente la identificación que hemos tenido anteriormente con nuestro yo mental.

Tienen una gran influencia sobre nuestra mente, nuestro cuerpo y nuestro espíritu, ayudándonos a lograr una gran flexibilidad de nuestros músculos, al propio tiempo que ejercen una influencia muy directa sobre nuestra columna vertebral y nuestras articulaciones, devolviéndonos una perfecta movilidad y equilibrando nuestro sistema nervioso.

> ### *Hagámoslo bien*
>
> *Para que resulten eficaces, las posturas de Yoga deben realizarse de forma lenta y meditativa, acompañándolas con una respiración completa y rítmica.*

Con el ejercicio físico se logra un mejor funcionamiento del cuerpo, de esta forma hacemos que las energías también funcionan mejor y si las energías funcionan mejor también nuestra mente funciona a niveles óptimos.

Los consejos más útiles

La respiración

La respiración completa o profunda es fundamental en la práctica de cualquier tipo de Yoga.

Debe ser consciente, utilizando la totalidad de nuestra capacidad pulmonar. Con ello se consigue el proceso de oxigenación de la sangre y esto beneficiará el funcionamiento de todo nuestro organismo.

La alimentación

Los ejercicios de yoga deben realizarse, si es posible, con el estómago vacío. Es recomendable esperar cuatro horas después de una comida abundante o una hora después de una comida muy ligera (como puede ser el desayuno). No debe comerse absolutamente nada durante la media hora que sigue a la práctica.

Durante el tiempo que se practiquen los ejercicios de yoga la mente debe permanecer inactiva de pensamientos o distracciones, aunque concentrada en el ejercicio físico y de respiración.

La ropa, el ambiente, la luz

Los ejercicios de yoga deben realizarse con ropa ligera para tener libertad de movimientos.

En cuanto al ambiente donde se realizarán las posturas, conviene que mantenga una temperatura agradable y que esté iluminado por una luz tenue y cálida.

Las posturas se llevarán a cabo sobre el suelo liso, cubierto con una alfombra o manta, y si es posible siempre a la misma hora y con el mismo tiempo de duración.

Guía breve de posturas de Hatha Yoga

Postura de la media torsión

Flexionar la pierna derecha y cruzarla sobre la izquierda, hasta apoyar la planta del pie a la altura de la rodilla. El muslo quedará casi pegado al abdomen y al pecho.

La pierna izquierda también deberá estar flexionada, y el pie quedará pegado al glúteo.

El brazo izquierdo pasa por delante de la pierna derecha, y la axila izquierda presiona sobre la rodilla.

La mano izquierda toma el pie derecho.

Hacer tres respiraciones completas y desarmar la postura.

Postura de la fuente de la vida

Acostarse boca arriba sobre una manta y llevar los brazos, estirados, hacia atrás.

Al exhalar, llevar los brazos lentamente hacia delante a la vez que el torso se incorpora hasta quedar apoyado sobre los muslos.

Con los brazos estirados, se intentan tocar con las manos las puntas de los pies.

Respirar lenta y profundamente varias veces, tratando, con cada exhalación, de estirar más y más la espalda.

Postura de la esfinge

Acostarse boca abajo sobre una manta, flexionar los brazos y apoyar las palmas de las manos y los antebrazos en el piso, a la altura de los hombros. Mantener unidos pies y piernas.

Inspirar mientras se despega la cabeza y el pecho de la manta, haciendo presión contra el suelo con los antebrazos.

Respirar en forma lenta y mantener la postura durante un par de minutos.

Postura de flexión de espalda

Sentarse con las piernas cruzadas y hacer descender el torso para tomarse con las manos de las puntas de los pies.

Erguirse, inhalar y, con un pequeño impulso, rodar hacia atrás. La parte superior de la espalda, los hombros y la nuca deben tocar el suelo. Mantener el mentón cerca del pecho y exhalar.

Rodar hacia delante, para regresar a la posición inicial y repetir el movimiento unas cinco veces.

Postura del arado

Acostarse sobre la manta, con los brazos extendidos a ambos lados del cuerpo y las palmas de las manos hacia abajo.

Inhalar profundamente y, al exhalar, levantar las pier-

nas lentamente, hasta llevar los pies más allá de la cabeza, hasta que toquen el piso.

Los brazos permanecerán en la posición inicial.

Mantener la posición unos momentos, respirando lentamente, y luego desarmar la postura.

Postura de la vela

Acostarse sobre una manta, boca arriba, con las piernas y los brazos a los costados del cuerpo. Las palmas de las manos quedarán contra la manta.

Al inspirar comenzamos a levantar las piernas, siempre rectas, hasta que queden transversales al piso.

Sostener el tronco con las manos, de modo que los brazos sirvan de apoyo para que la cadera se relaje.

El mentón queda pegado al pecho.

Respirar llevando el aire al abdomen y mantener la postura unos momentos, para, finalmente, desarmarla con suavidad.

Postura del efecto invertido

Acostarse boca arriba sobre una manta, con las piernas estiradas y los brazos a los costados del cuerpo.

Inspirar y elevar las piernas hasta formar un ángulo de 45° con el tronco, despegando la cintura. Mantener la posición sosteniendo la cadera con las manos, haciendo que el peso del cuerpo recaiga en hombros y omóplatos.

Postura del arco

Acostarse boca abajo sobre una manta, con las piernas algo separadas y los brazos estirados a los costados del cuerpo.

Flexionar las piernas y tomarse con las manos, de los tobillos.

Inhalar y tratar, al mismo tiempo, de estirar las piernas. Esta acción hará que los brazos se estiren y obliguen al tronco a despegarse del suelo, formando un arco.

Retener la respiración y, al exhalar, soltar los pies sin brusquedad.

Respirar unos instantes hasta recuperar la energía y repetir la postura.

Postura de medio loto y loto:

Sentarse bien firmemente sobre los glúteos y mantener erguida la columna vertebral, pero sin que se torne rígida.

Colocar el pie derecho sobre el muslo izquierdo, acercando el talón a la ingle; luego, el pie izquierdo, pasando sobre la otra pierna, hasta el muslo derecho.

La danza del elefante

De pie, mantener las piernas separadas una distancia similar al ancho de las caderas y dejar que los brazos caigan flojos a los costados del cuerpo.

Comenzar a "torcer" la columna hacia un lado y hacia el otro, mientras los brazos golpean el tronco con cada movimiento.

Trabajar en forma dinámica y con ritmo, y luego ir deteniéndose lentamente hasta que cese totalmente el balanceo.

Postura del niño

De rodillas, con las piernas juntas, sentarse sobre los talones.

Inclinar el torso hasta que la frente toque el piso, y dejar que los brazos caigan sobre la manta, a los costados del cuerpo, con las manos orientadas hacia las puntas de los pies.

Respirar profundamente con la idea de que se relajen todos los músculos del cuerpo.

CAPÍTULO 4:

La meditación

¿Qué es la meditación?

Para la filosofía oriental, el acto de meditar conduce al individuo a un estado de tranquilidad mental elevada, permite dirigir el flujo de la conciencia y alcanzar un estado de pura contemplación. Deja a nuestra mente fluir sin obstrucciones, permitiéndonos abordar un sentimiento de pertenencia a la naturaleza y percibir una "conciencia cósmica".

Este pensamiento ha sido desarrollado y transmitido por las distintas tradiciones religiosas y espirituales del Asia, y su práctica está extendida por todo el Oriente.

En cambio, para nuestra cultura occidental, existe una delgada frontera entre la tensión y la atención. Con el objeto de distinguirlas procuramos concentrarnos, pero de un modo exigente, lo que en definitiva termina generando mayor tensión. El estilo de vida "normal" estaría centrado en el equilibrio entre los extremos opuestos.

La meditación es entonces el arte de estar
alerta sin esfuerzo, la habilidad para permanecer
calmo y en paz interior sin importar lo que
ocurra a nuestro alrededor.

Meditar para vivir más tranquilos

Nuestra vida diaria, gobernada por un ritmo frenético, lejos de colaborar en la búsqueda de una realización más plena de nuestra existencia, nos atrapa en su sinsentido. Enfrentamos situaciones diversas y resolvemos diariamente multitud de problemas. Nos relacionamos en diferentes contextos y todo ello nos demanda grandes esfuerzos, aunque a veces, pasen desapercibidos. Esta hiperactividad cansa hasta el agotamiento. Pero aun así, se continúa y el cansancio se convierte en estrés.

La paciencia se termina y todo nos molesta: nos volvemos intolerantes. Entonces aparece la agresividad, tanto hacia los demás como sobre nosotros mismos y el resultado final es una angustiante sensación de estrés.

La filosofía budista nos enseña que cuerpo y mente son una misma cosa y que la vida mundana es secundaria para la realización del ser humano.

El desapego a los objetos materiales es concebido como el medio ideal para librarse de los prejuicios, de la dualidad cuerpo-mente, de las exigencias sin razón y, en definitiva, como un camino seguro para encontrar la felicidad.

Si se desea prevenir o superar el estrés provocado por estas alteraciones, la meditación y las técnicas de relajación nos permitirán controlarlas o recuperar el equilibrio perdido. La meditación puede ayudarnos, facilitándonos alcanzar un estado mental de calma y relajación, a controlar la intensidad de nuestros pensamientos y emociones, y a lograr una mejor utilización de nuestros propios recursos internos.

Así es que la meditación, como ·técnica de entrenamiento disciplinado, apunta a resolver las dificultades internas y externas, e impedir que el estrés cotidiano domine nuestras formas de relación con nuestro medio.

La concentración alcanzada con la ayuda de la meditación nos da los recursos necesarios para conocernos mejor y nos permite la toma de conciencia de nuestra verdadera naturaleza y realidad.

Los beneficios de la meditación

La meditación sin duda nos aportará beneficios en la búsqueda de una realización más plena de nuestra vida. Sin embargo, estos beneficios tienen relación directa con tiempo que se le dedica y el grado de compromiso con que se encara la práctica de la meditación.

Los resultados se obtienen a largo plazo y la disciplina es fundamental para lograrlos.

La respiración, la postura y la concentración de quien medita son esenciales durante la práctica. ¡Pero, a no asustarse! La constancia en la meditación hace que sea cada vez más fácil y efectiva, a medida que nos devuelve el optimismo.

Meditando se ejercita la paciencia, la cual será una herramienta crucial en la resolución de nuestros problemas y nos permitirá alcanzar el estado óptimo para la toma de decisiones. Así, de repente nos daremos cuenta de cosas que estaban a nuestro alrededor y que no percibíamos. Encontraremos soluciones a conflictos, tendremos nuevos puntos de vista, y sin duda obtendremos un mayor rendimiento en nuestras actividades.

La práctica sostenida de la meditación nos volverá capaces de diluir las sensaciones y sentimientos negativos tales como el nerviosismo, la dejadez, el rencor, la frustración, el prejuicio, la insensibilidad, la codicia y el miedo.

Más y más ventajas

Para apreciar los resultados que suelen alcanzarse con la meditación y con fines didácticos, hemos agrupado los beneficios en dos niveles.

A nivel mental: Aporta calma y serenidad, y controla la ansiedad y la angustia. Hace que aumenten la memoria y la concentración, y que se eleve la capacidad de atención. Brinda creatividad, voluntad, determinación, armonía emocional y mayores habilidades de percepción e intuición. Hace que mejore la autoestima y el autoconocimiento, y favorece la apertura social.

A nivel corporal: Otorga más energía y vitalidad. Tiende hacia la relajación física. Propicia una mayor sensibilidad, precisión y equilibrio corporal. Hace que aumente la capacidad vital respiratoria. Optimiza la eficiencia de los mecanismos autorreparadores del cuerpo. Prolonga nuestra vida.

Es válido recalcar, entonces, que la práctica meditativa produce efectos positivos, tanto para la psiquis como para el organismo, potenciándose mutuamente y colaborando así con el tratamiento y la prevención de las enfermedades.

Además, en el caso de pacientes con afecciones graves o incurables, la práctica meditativa sistemática les permite enfrentar su situación de una manera más serena y sin miedo.

Distintas formas de meditar

Considerando que estamos frente a una actividad milenaria, que poco a poco fue difundiéndose por diversos pueblos, es lógico que nos encontremos con distintas técnicas y formas de practicarla.

Muchas de las formas de meditación conocidas implican un tipo de retiro de la atención del mundo exterior, para lo cual se requiere alcanzar un estado de quietud interna y externa. Existen también formas de meditación que utilizan música, movimientos o contemplación visual y/o auditiva de objetos físicos. Entre éstas, encontramos técnicas basadas en mirar fijamente la llama de una vela, escuchar una corriente de agua o las olas del mar, etcétera.

Los métodos de meditación concentrativa, consisten básicamente en fijar la mente sobre un objeto o un hecho particular, como la respiración, un "mantram" o una visualización, e intentan excluir todo otro pensamiento de la conciencia. La concentración restringe la atención a un punto determinado e induce estados de observación caracterizados por la tranquilidad y el deleite.

El budismo también introdujo la práctica de las técnicas de meditación de percepción de la naturaleza interna, cuyo fin es penetrar en la naturaleza del funcionamiento psíquico, a través de los cuales no se pretende alcanzar estados de éxtasis. Esta forma de meditación es un entrenamiento para alcanzar un estado de "alerta reposado", en el cual la atención se enfoca hacia las emociones, los pensamientos y las sensaciones, sin censura, selección o interpretación alguna.

Los diversos tipos o técnicas de meditación pueden tener efectos muy diferentes sobre el practicante. Por lo tanto, les sugerimos que en un principio no se decidan por alguna en particular... sin temor, sólo anímense a probar hasta encontrar la que más les agrade.

¡A practicar!

La técnica básica es la siguiente: relajamos el cuerpo y enfocamos la atención en nuestra respiración; ésta debe ser lenta y profunda. Tratamos de dejar fluir nuestros pensamientos y emociones sin juzgarlos, evaluarlos, ni rechazarlos.

Podemos realizar los ejericios sentados cómodamente en una silla manteniendo el cuerpo erguido con las piernas ligeramente separadas y dejando que las manos descansen sobre las rodillas; acostados con los brazos y piernas ligeramente abiertas y de cara al cielorraso; o bien sentados en posición de loto.

Los consejos más útiles

• La posición más indicada es con la columna vertebral derecha.

• Se aconseja comenzar las primeras prácticas meditativas dedicándoles no más de 5 minutos diarios durante la primera semana, para luego ir aumentando el tiempo poco a poco hasta llegar a los 15 ó 20 minutos.

• Se recomienda apagar teléfonos y alarmas de reloj.

• El ambiente debe ser tranquilo: luz tenue, ausencia de ruidos, una fragancia estimulante –sahumerio de sándalo, por ejemplo- y, si se desea, música especial para relajación.

• Debe intentarse siempre hacer la práctica en la misma habitación de la casa, con la puerta de entrada cerrada y de cara hacia el Norte o hacia el Este, para facilitar la reconstrucción del clima óptimo.

• Lo ideal es meditar diariamente a la misma hora. (Las más propicias son las primeras de la mañana y las últimas de la tarde, puesto que la actividad externa es por lo general menos intensa en esos momentos.)

• No es conveniente meditar después de comer.

No debemos preocuparnos por si meditamos "adecuadamente" o no... dejemos que el pensamiento, simplemente, nos guíe. Ah, no esperemos resultados inmediatos. Lo que importa es el camino que estamos transitando.

Meditación guiada

A continuación encontraremos una guía para realizar una meditación, que puede sernos muy útil si recién nos iniciamos en la práctica.

Para que la meditación no se vea interrumpida por la lectura de la guía, quizá sea buena idea grabar el texto que hallaremos a continuación, para escucharlo y seguir las instrucciones que contiene.

En una posición cómoda, con la columna erguida, respiramos lenta y profundamente.

Enfocamos la atención en el ritmo de nuestra respiración y en los movimientos de nuestro cuerpo, que la acompañan. Somos conscientes de las sensaciones en nuestro cuerpo, sin tratar de cambiarlas, sino tan sólo sintiendo su presencia. Procedemos de la misma manera con nuestros sentimientos y pensamientos. Simplemente, hagámonos conscientes de su presencia y observemos cómo vienen y se van.

Ahora, con los ojos cerrados trataremos de atender al

ambiente que nos rodea, abriéndonos a los estímulos que de él emanan, sin seleccionarlos ni clasificarlos. Centrémonos en el aire a nuestro alrededor, la temperatura del lugar, los sonidos que nos envuelven, la paz del ambiente. Abrimos los ojos y miramos alrededor, sin buscar nada en particular, apreciándolo todo. Los colores, las formas, la profundidad y las texturas que nos rodean. Sentimos nuestra presencia en el ambiente y la proyectamos hacia el mundo, el universo: somos conscientes de esta presencia por primera vez.

Meditación intermedia

Para realizar este ejercicio de meditación, comenzaremos haciendo una relajación previa.

1- En la posición elegida, comenzamos a sentir cada parte de nuestro cuerpo, comenzando por las plantas de pies y subiendo hacia las pantorrillas, rodillas, muslos, caderas, abdomen, tórax, espalda, hombros, cuello, cara y cabeza. A medida que nos concentramos en cada zona de nuestro cuerpo, nos detenemos hasta sentir que se ha relajado.

Finalmente, sentimos que nuestro cuerpo, como un todo, está relajado.

2- Sólo entonces, nos proponemos centrarnos en algo placentero, por ejemplo un bello paisaje o un grato recuerdo, permitiendo que en nuestra mente fluyan todas las asociaciones acerca de ese paisaje o recuerdo.

3- Tratamos de contemplar con nuestra mente la visualización, primero de forma global, para luego profundizar en todos y cada uno de sus detalles: la luz, los diferentes tonos de color, las cosas o personajes que la integran, los sonidos, los movimientos, el clima, etc. Después hacemos lo mismo, pero con cada cosa o personaje, como si fueran un universo en sí mismo.

Si elegimos, por ejemplo, un lago del paisaje, nos acercamos a él, apreciamos su color, sus particularidades, los sonidos que genera, su olor, su temperatura y las sensaciones que nos transmite. Trataremos de "tocarlo" con la mente.

4- Intentamos hacer lo mismo con cada uno de los objetos o personajes, pero sin exigencia.

5- Si sentimos agotamiento o cualquier otra sensación poco agradable, emprenderemos el camino de regreso; eso sí, sin apuro. De la particularidad del objeto o personaje elegido, volvemos a la visualización general del paisaje o recuerdo y dejamos que lentamente se esfume.

Si realizamos este ejercicio varias veces, estaremos ayudando a nuestra mente a funcionar con mayor capacidad de concentración. A medida que lo practicamos, debemos tratar de evaluar con mayor detalle cada uno de los componentes de la visualización.

Meditación a través de los chakras

Al hablar de la meditación no debemos dejar de abordar los llamados centros de energía o "chakras".

Los chakras son centros de regulación energética que absorben energía y la distribuyen hacia las glándulas principales, los centros nerviosos y los órganos de nuestro cuerpo.

> *Se sostiene con fervor que primero enferma el cuerpo energético y luego el cuerpo físico, estando ambos íntimamente relacionados entre sí.*

Con la práctica de este tipo de meditación permitimos que estos centros encaucen la energía con mayor eficiencia y logramos que se desbloqueen, evitando que se cierren por razones originadas en la tensión emocional o muscular, problemas de comunicación y adaptación a las circunstancias, etc. Es necesario que estemos atentos, puesto que estos desequilibrios, a largo plazo, pueden agravarse y degenerarse desencadenando enfermedades en zonas específicas.

En los ejercicios de meditación a través de los chakras generalmente se recitan afirmaciones con el fin de orientarnos hacia la plenitud espiritual, psíquica y física. Cada una de estas afirmaciones se corresponde con uno de los 7 chakras.

Durante el período de iniciación, podemos abrir un momento los ojos para leer la afirmación correspondiente, pero a medida que ganamos experiencia debemos memorizarlas y reflexionar sobre cada una de ellas, concentrándonos también en su color representativo y su ubicación corporal.

La postura corporal y el contexto ambiental adecuados son los mismos que los mencionados para los ejercicios anteriores.

Se utiliza un "mantram" o palabra clave que provoca una vibración mental al pronunciarla. Este mantra debe repetirse mentalmente varias veces hasta conseguir disipar los pensamientos que llegan a nuestra mente.

Ejercicio de meditación con chakras

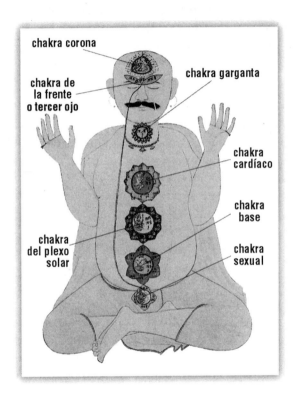

Se aconseja practicar este ejercicio tres veces en el día: por la mañana, al despertar y luego de las necesidades fisiológicas; al mediodía; por la noche, antes de acostarnos.

1. Entonar el mantra **OM** 3 veces, procurando sentir las vibraciones del sonido dentro de nuestro cuerpo como si se tratara de una caja de percusión.

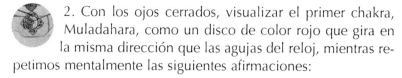

2. Con los ojos cerrados, visualizar el primer chakra, Muladahara, como un disco de color rojo que gira en la misma dirección que las agujas del reloj, mientras repetimos mentalmente las siguientes afirmaciones:

Yo soy la inocencia, la pureza, la sabiduría y la alegría del niño.
Yo soy la expansión natural del pensamiento.
Yo soy un ser espontáneo.

3. Luego, visualizar el segundo chakra, Swadhisthana, como un disco de color naranja girando en la misma dirección que el anterior mientras repetimos mentalmente:

Yo soy la esencia de la creatividad.
Yo soy el conocimiento de la pura verdad.

4. De la misma manera, visualizar el tercer chakra, Manipura, como un disco de color amarillo girando en la misma dirección, hacia la izquierda, mientras repetimos:

Yo soy un ser satisfecho.
Yo soy un ser desapegado, generoso, desprendido.
Yo soy mi propio maestro.

5. Visualizar el cuarto chakra, Anahata, como un disco de color verde girando en la misma dirección mientras repetimos:

Yo soy un centro de amor puro; me amo a mí mismo y amo a todo el mundo sin condiciones.

6. Visualizar el quinto chakra, Vishudha, como un disco de color azul claro girando en la misma dirección y repetimos mentalmente:

Yo soy un ser libre de toda culpa.

7. Posteriormente, visualizar el sexto chakra, Ajna, como un disco de color morado girando nuevamente hacia la izquierda mientras repetimos las siguientes afirmaciones:

Yo soy el perdón.
Perdono a todo el mundo y me perdono a mí mismo.

8. Visualizar ahora el séptimo chakra, Sahasrara, como un disco color azul oscuro que gira en la misma dirección mientras mentalmente repetimos:

Yo soy el ser integrado con todo el universo.
Yo soy el ser que siente satisfechos todos sus deseos.
Yo soy un ser con una voluntad poderosa.
Yo soy únicamente energía, espíritu y no un cuerpo material expuesto a contaminaciones, enfermedades y sufrimientos.
Yo soy conciencia absoluta.
Yo soy un centro de poder y de influencia.
Yo soy un centro de energía.
Yo soy un centro de inteligencia.
Yo soy existencia, conocimiento y felicidad absolutos.
Yo soy el responsable de mi propio destino.
Soy yo mismo quien me fabrico el bien y el mal y según proceda, vivo aquí y ahora, un cielo o un infierno.
Yo no estoy sujeto a la muerte ni al miedo.
La fuerza de la vida fluye a través de mi cuerpo.
Todo lo que deseo es posible.
Estoy siempre profundamente relajado y concentrado.
Atraigo la belleza, la alegría y la abundancia hacia mi vida y hacia todos los seres que me rodean.
Dentro de mí, debajo de todos los escombros que he ido depositando durante mi vida pasada, tengo un amigo sabio y amoroso que soy yo mismo.

8. Para finalizar el ejercicio, volver a entonar 3 veces el mantra **OM**.

CAPÍTULO 5:

Masajes, digitopuntura, reflexología y algo más

Masajes: salud para todos, en nuestras manos

El arte del masaje ha sido practicado desde tiempos remotos. En las antiguas civilizaciones establecidas a orillas del mar Mediterráneo se acostumbraba someter a los individuos a un masaje de todo el cuerpo, luego de ejercitar cualquier actividad física y bañarse.

Existe una amplia variedad de técnicas de masajes desarrolladas en diversas partes del mundo. Cada una posee diferentes nombres y bases filosóficas que dan sentido a su práctica.

Sin embargo, todas tienen en común la finalidad con que esta práctica es llevada a cabo: lograr que la energía corporal fluya libremente, y conseguir un estado de armonía y placer.

A diferencia de otras terapias,
los efectos benéficos del masaje son convalidados
por los científicos, tanto en lo atinente a la salud
de nuestro cuerpo como a la de nuestra mente.

La práctica del masaje es recomendable para todo tipo de personas y a cualquier edad, ya que fortalece la salud y previene la enfermedad. También se recomienda en el tratamiento de padecimientos específicos tan comunes como dolores musculares crónicos, dolor de cabeza, hipertensión, falta de concentración, ansiedad, depresión, cansancio, obesidad, problemas digestivos, insomnio y estrés.

El estrés puede afectar las funciones orgánicas o producir tensiones musculares. Los masajes ayudan a solucionar las contracciones que genera el estrés, aunque si éste no es tratado en base a su origen, el masaje sólo aliviará el dolor y la incomodidad momentáneamente.

La espalda, el estómago y los pies son los puntos donde mayoritariamente se acumula el estrés y con el masaje se busca liberar a los músculos de los nudos que genera la tensión.

Los masajes pueden ser realizados por cualquier persona, siempre que ésta conozca las técnicas correctas para evitar un daño muscular.

Ventajas y contraindicaciones de los masajes

Las ventajas

- ayudan a relajarnos;
- ayudan a nuestro sistema linfático;

- mejoran la circulación;
- eliminan las impurezas y las sustancias tóxicas de nuestro cuerpo;
- liberan unas sustancias llamadas endorfinas, que nos dan sensación de bienestar;
- calman el dolor muscular;
- estimulan el sistema glandular que estabiliza nuestras hormonas;
- ayudan a aliviar la presión en la espalda, el cuello y las articulaciones, causadas por la mala postura o la debilidad muscular;
- ayudan a dormir mejor;
- combaten la depresión y los estados de ánimo negativos;
- cuando se combinan con una dieta adecuada y un buen ejercicio, ayudan a restaurar el contorno del cuerpo y a disminuir los depósitos de grasa;
- ayudan a que los músculos mantengan su flexibilidad;
- ayudan a reducir el estrés.

Consulte a su médico

En la mayoría de los casos los masajes no producen complicaciones, excepto en determinadas circunstancias que es importante tener en cuenta. Por eso, siempre es necesario hacer una consulta al médico, para que nos asesore a la hora de elegir una técnica antiestrés acorde con nuestro organismo.

Las contraindicaciones

En los siguientes casos, se recomienda evitar los masajes.

- cuando hay infección;
- cuando existen problemas de piel;
- inmediatamente después de una cirugía;
- cuando existen venas varicosas;
- cuando existen problemas severos en la espalda;
- el primer día del periodo menstrual;
- inmediatamente después de aplicarse vacunas.

Masajes para todos los gustos

Existe una amplia variedad de tipos de masaje. Cada uno privilegia una técnica diferente o un lugar específico del cuerpo. Los más conocidos son los que se nombran a continuación.

Masaje sueco: es un masaje relativamente suave que promueve la relajación.

Shiatsu: es un masaje japonés en el cual se utilizan los dedos para aplicar presión en puntos específicos del cuerpo llamados "TSUBO". Éstos se localizan a lo largo de los meridianos (canales de energía) que inciden a nivel orgánico, emocional y energético.

Masaje linfático: Su función es ayudar a nuestro cuerpo a eliminar toxinas. Este masaje estimula los nodos linfáticos con los dedos y las manos, con movimientos circulares, suaves y precisos. Aunque el masaje se concentra en las áreas donde están localizados los nodos linfáticos también se masajean los músculos generales, como en el masaje sueco.

Quiropraxia y osteopatía: se trabaja principalmente en las articulaciones (huesos y tendones), para incidir al mismo tiempo en el sistema nervioso, y a través de él, en el funcionamiento orgánico y el flujo de energía.

Watsu: es la unión de dos palabras, dos ambientes y dos técnicas. Combina la técnica japonesa de masaje Shiatsu y el ambiente acuático. Estas características lo convierten en un masaje flotante.

Reiki: Es un método japonés de armonización natural, muy seguro y no invasivo. Su práctica incrementa la energía, reduce el dolor, produce una profunda relajación y un estado general de bienestar. No pretende sustituir a la medicina, simplemente la complementa.

Se realiza a través de la imposición de las manos sobre el cuerpo que se desea tratar. De esta forma, se logra un equilibrio energético a cuatro niveles: en nuestro cuerpo físico, emocional, mental y espiritual.

Reiki es energía natural y curativa que fluye vigorosamente concentrada en las manos entrenadas del terapeuta y que puede atravesar cualquier material, ropa, yeso, vendajes, metal, etc. El terapeuta solamente canaliza y proporciona la energía universal.

Reflexología: Consiste en la presión de determinados puntos de la reflexión, en pies y manos. Estos puntos tienen un correlato con todos los órganos, glándulas y partes del cuerpo. Esto es así porque los pies y las manos son considerados como un microcosmos del cuerpo.

Reflexología en otras zonas

Reflexología auricular: se aplica en el pabellón de las orejas. Este método es frecuentemente utilizado por los acupunturistas.

Reflexología del cuero cabelludo: se aplica en la cabeza, donde existe un gran número de zonas microrreflejas de órganos y estructuras corporales internas.

Reflexología facial: En la cara también se han descubierto una gran cantidad de zonas microrreflejas de un número igual de órganos, glándulas y estructuras corporales.

Reflexología en los dedos y uñas: Es un método utilizado en un tipo de medicina oriental llamado Su Jok en el que se utilizan imanes o vegetales aplicados en áreas específicas para conseguir estimulación en zonas microrreflejas localizadas en dedos y uñas.

Reflexología del abdomen: Este sistema es muy popular en Japón y Corea, y está basado en el mismo principio de todas las anteriores.

Reflexología en la piel: En la piel de casi todo el cuerpo están localizadas una inmensa cantidad de áreas microrreflejas, las cuales tienen su mayor aplicación en el sistema de curación de origen oriental llamado acupuntura. De este sistema se desprenden otros métodos utilizados popularmente, tales como la digitopuntura o digitopresión.

Reflexología de manos y pies

Los orígenes de la reflexología como método terapéutico se pierden en el tiempo.

Su premisa principal sostiene que existen en los pies conexiones nerviosas a muchos puntos específicos del cuerpo. A esas áreas en donde se localizan dichos puntos, se las conoce como **zonas reflejas**.

El objetivo de la reflexología es obtener una respuesta saludable de los órganos y sistemas, a través de la adecuada estimulación aplicada a sus correspondientes reflejos. De esta manera, se logra establecer el balance natural de la energía y funcionalidad armónica de todo el organismo.

Nuestra forma de vida nos impide caminar descalzos y menos aún sobre suelos desiguales, que sería ideal para estimular todas las zonas vitales del cuerpo. Muchos de los problemas que padecemos, como las várices y el estrés, se verían muy mejorados al caminar sin zapatos y sobre suelos multiformes.

La reflexología es, en realidad, un método de prevención y relajación que activa la circulación sanguínea, fortalece las defensas estimulando el sistema inmunológico, desbloquea centros de energía, desintoxica, fortalece la fuerza curativa, alivia el dolor, la tensión y, por supuesto, el estrés.

La siguiente ilustración muestra las zonas microrreflejas de los pies y las manos y su correlato con los distintos órganos del cuerpo.

ESQUEMA DE REFLEXOLOGÍA DEL PIE DERECHO

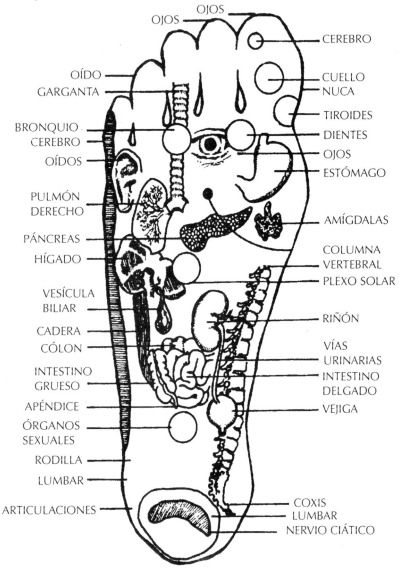

OJOS

OJOS

CEREBRO

OÍDO

GARGANTA

CUELLO

NUCA

TIROIDES

BRONQUIO

CEREBRO

DIENTES

OÍDOS

OJOS

ESTÓMAGO

PULMÓN DERECHO

PÁNCREAS

AMÍGDALAS

HÍGADO

COLUMNA VERTEBRAL

PLEXO SOLAR

VESÍCULA BILIAR

RIÑÓN

CADERA

CÓLON

VÍAS URINARIAS

INTESTINO GRUESO

INTESTINO DELGADO

APÉNDICE

VEJIGA

ÓRGANOS SEXUALES

RODILLA

LUMBAR

ARTICULACIONES

COXIS

LUMBAR

NERVIO CIÁTICO

ESQUEMA DE REFLEXOLOGÍA DEL PIE IZQUIERDO

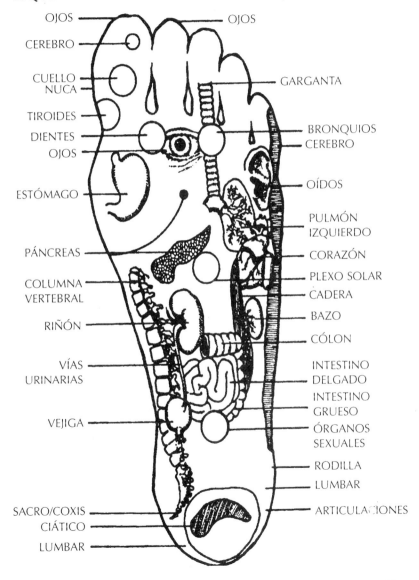

OJOS

OJOS

CEREBRO

CUELLO
NUCA

GARGANTA

TIROIDES

DIENTES

BRONQUIOS
CEREBRO

OJOS

ESTÓMAGO

OÍDOS

PULMÓN
IZQUIERDO

PÁNCREAS

CORAZÓN

COLUMNA
VERTEBRAL

PLEXO SOLAR

CADERA

RIÑÓN

BAZO

CÓLON

VÍAS
URINARIAS

INTESTINO
DELGADO

INTESTINO
GRUESO

VEJIGA

ÓRGANOS
SEXUALES

RODILLA

LUMBAR

SACRO/COXIS

ARTICULACIONES

CIÁTICO

LUMBAR

ESQUEMA DE REFLEXOLOGÍA DE LA MANO IZQUIERDA

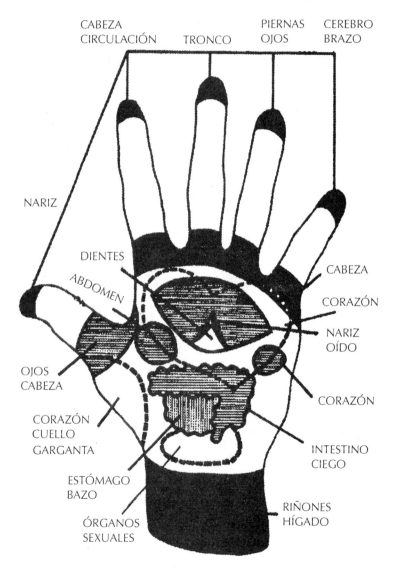

CABEZA
CIRCULACIÓN

TRONCO

PIERNAS
OJOS

CEREBRO
BRAZO

NARIZ

DIENTES

ABDOMEN

CABEZA

CORAZÓN

NARIZ
OÍDO

OJOS
CABEZA

CORAZÓN

CORAZÓN
CUELLO
GARGANTA

INTESTINO
CIEGO

ESTÓMAGO
BAZO

RIÑONES
HÍGADO

ÓRGANOS
SEXUALES

ESQUEMA DE REFLEXOLOGÍA DE LA MANO DERECHA

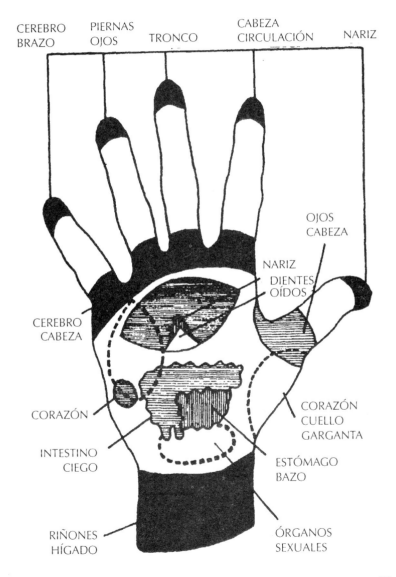

CEREBRO BRAZO — PIERNAS OJOS — TRONCO — CABEZA CIRCULACIÓN — NARIZ

OJOS CABEZA

NARIZ DIENTES OÍDOS

CEREBRO CABEZA

CORAZÓN

INTESTINO CIEGO

CORAZÓN CUELLO GARGANTA

ESTÓMAGO BAZO

RIÑONES HÍGADO

ÓRGANOS SEXUALES

El proceso de estimulación resulta extraordinariamente fácil. Bastan pequeñas y suaves presiones en los lugares indicados para que la energía de las zonas seleccionadas se ponga en movimiento. Por ejemplo, masajeando un determinado punto en la planta del pie podemos suavizar, e incluso eliminar, el dolor de cabeza.

Digitopuntura

Se trata de un procedimiento de la medicina tradicional china que consiste en aplicar presión digital sobre determinados puntos del cuerpo. Su objetivo es aliviar la fatiga física y nerviosa, así como prevenir y curar enfermedades, estimulando los mecanismos de autocuración del organismo.

La pérdida del equilibrio

Según los orientales, la enfermedad se manifiesta cuando el cuerpo pierde su equilibrio energético. Este desequilibrio puede ser causado por una mala alimentación, falta de sueño, falta de ejercicio, estrés, variaciones bruscas del clima, etc.

A través de la digitopuntura, el individuo mantiene su organismo en un mejor estado de salud y vitalidad, reforzando sus órganos internos y conservando su tono energético.

Este tipo de masaje puede ser aplicado a personas de cualquier edad y estado, ya que no produce efectos secundarios, ni tiene contraindicaciones, debido a que no se utilizan agujas ni otro tipo de artefactos que resultan agresivos.

Básicamente, esta terapia elimina la fatiga muscular y la sensación de cansancio, mejora la circulación, relaja el sistema nervioso, regula el funcionamiento de los órganos, favorece los mecanismos de eliminación del organismo (actividad intestinal, etc.), reequilibra la energía vital, alivia el dolor y elimina el insomnio y el estrés.

Acupuntura

La acupuntura se origina en China hace más de 2.000 años y constituye uno de los pilares de la medicina tradicional china.

Es un procedimiento terapéutico sencillo basado en la provocación de pequeños estímulos sobre la piel, y se emplea en el tratamiento de los procesos dolorosos y las más variadas enfermedades. Para ello, finas agujas de acero inoxidable, esterilizadas y/o descartables, son insertadas en puntos precisos de la superficie cutánea durante un lapso de entre 5 y 40 minutos, según los casos.

No es para cualquiera

Para poder practicar esta técnica terapéutica es indispensable ser médico.

Se cree que existen más de 2.000 puntos de acupuntura, que están conectados a través de surcos virtuales, que se han dado en llamar "meridianos".

La medicina china sostiene que es a través de estos meridianos, de los cuales 12 son considerados principales y 8 secundarios, que se transmite la energía desde la superficie corporal hasta los órganos. Es esta energía la que regula el balance físico, espiritual y emocional.

Se cree que la aplicación de agujas sobre los puntos de acupuntura estimula el sistema nervioso central para la liberación de sustancias en los músculos, nervios y el cerebro. Estas sustancias pueden actuar sobre el fenómeno del dolor o estimular la síntesis de otras sustancias (por ejemplo, hormonas) que interviene en la regulación de los diversos sistemas y aparatos del cuerpo humano. Estos cambios bioquímicos pueden estimular la capacidad de autocuración del cuerpo y el equilibrio psicofísico.

El automasaje

Si no tenemos la posibilidad de contratar a un especialista en alguna de las terapias descriptas hasta ahora, existe la alternativa de recurrir al automasaje, haciendo un contacto profundo con el propio cuerpo y explorándolo para establecer una conexión con las zonas de acumulación de tensión. La manipulación realizada de esta manera permite definir el movimiento exacto para la liberación muscular.

Tomarse unos minutos diarios para dedicarse a sentir el propio cuerpo puede proporcionar un bienestar y un relajamiento muy grandes.

Aprender a aplicarse masajes uno mismo es una buena forma de ayudarse a obtener una mejor calidad de vida. La variedad de sensibilidades de la piel, en las diferentes zonas del cuerpo, hace que explorarlo sea una experiencia muy relajante, que puede tener incluso efectos beneficiosos sobre el sistema nervioso.

El automasaje es absolutamente intuitivo. Si bien se puede llevar a cabo valiéndose de instrumentos como bolas de madera, rodillos, toallas, etc., hacerlo con la sola ayuda de nuestras manos nos permitirá conocer mejor el cuerpo que nos contiene y estar más a gusto en él.

Una buena sesión de automasaje debe seguir un orden más o menos lógico que nos resulte coherente y cómodo. Una buena idea es, por ejemplo, empezar por la cabeza para ir bajando poco a poco y terminar en los pies.

Automasaje en cabeza, cuello y cara

• Realizar una ligera presión con las yemas de los dedos sobre el cuero cabelludo, realizando movimientos circulares para estimular la circulación sanguínea.

• Masajear la nuca con la palma de la mano, llevándola hasta los lados del cuello.

• Masajear la cara, cubriéndola con las manos y deslizándolas hacia abajo y hacia arriba, en forma suave y lenta.

• Realizar un ligero masaje en las sienes, dibujando círculos con una ligera presión de las yemas de los dedos.

Automasaje para hombros, brazos y pecho

• Colocar las manos sobre los hombros y realizar fricciones circulares y envolventes.

• Extender este masaje al brazo deslizando la mano sobre él con suavidad tras acabar la fricción del hombro.

• Masajear el pecho, llevando una mano al mismo del mismo lado que se ha masajeado el hombro, y realizando fricciones circulares hacia afuera.

Automasaje para manos y dedos

En las manos se encuentra una de las partes más sensibles de nuestra piel, por lo que tratarlas bien resulta fundamental para mejorar el bienestar

• Tomar, uno a uno, los dedos de la mano y hacer un ligero estiramiento hacia atrás de cada uno, ayudándose con la otra mano.

• Realizar movimientos envolventes alrededor de toda la mano, para terminar repitiendo la operación con la otra mano.

Automasaje para abdomen y dorso

• Con las manos sobre el abdomen formando una "V", friccionar simultáneamente hacia las ingles y volver al punto de origen.

• Frotar la zona lumbar con fuerza con el dorso de las manos, haciendo presión con los nudillos.

Automasaje para piernas

• Tomar uno de los muslos con las dos manos y friccionar desde la ingle a la rodilla y viceversa, para luego repetir la operación en la otra pierna.

• Realizar la misma operación con las pantorrillas, empezando por la rodilla y acabando en el tobillo.

Automasaje para pies

Son una zona muy delicada del cuerpo, y muchas veces de las más maltratadas.

• Realizar movimientos envolventes alrededor con las dos manos, y frotar la palma de la mano sobre la planta del pie.

• Masajear el espacio entre los dedos del pie, para desentumecer las articulaciones.

CAPÍTULO 6:

El Feng Shui

Feng Shui, el arte de transformar lo hostil en agradable

Un simple cambio de lugar de los muebles, una planta o un espejo mal ubicados, pueden influir en nuestro estado anímico, causando estrés, ocasionando problemas de salud y hasta pérdidas económicas.

Según los conocedores del Feng Shui, la manera en que disponemos los objetos y nos integramos al ambiente es la clave del éxito, la garantía de una vida en armonía o la razón de un fracaso. Cuando se conoce la forma en que circula la energía universal podemos utilizarla a nuestro favor, pero si la ignoramos nos encontraremos expuestos a constantes problemas.

El Feng Shui nos enseña lo que debemos hacer en estos casos. Mejora nuestra actividad cotidiana, nos brinda una sensación de bienestar y alegría generalizada ayudándonos a rendir más en el trabajo, sentirnos más cómodos en nuestra vivienda, reducir el estrés y aumentar nuestra vitalidad.

Todos conocemos viviendas donde es agradable estar y comercios donde entra gente constantemente: ello se debe a un correcto flujo Feng Shui. Transformar un ambiente hostil en un entorno agradable resulta imprescindible para gozar de una buena salud.

Feng Shui: orígenes y premisas

El Feng Shui es el arte milenario chino de crear ambientes armoniosos.

Las leyes y principios de esta ciencia-arte oriental fueron desarrollados a través de los siglos y transmitidos oralmente de maestro a discípulo, estudiando la localización de diferentes tipos de energía en un lugar.

La palabra ciencia, aquí, no tiene ni pretende tener la connotación de ciencia moderna. Cuando decimos ciencia nos referimos a un sistema en el cual los principios y reglas fueron basados en observaciones y datos estadísticos a lo largo de los años.

Literalmente, la expresión Feng Shui significa Viento-Agua.

Este saber milenario, originado en las planicies de la antigua China, analiza el diálogo que establecemos cada día con el entorno: nuestra casa, nuestra ciudad, el lugar en el que trabajamos. Es una ciencia-arte que nos enseña, entre otras cosas, a redistribuir el mobiliario en una habitación o lugar determinado para crear corrientes positivas de energía y armonizar el ambiente, coordinar las luces, plantas y objetos de arte para lograr un balance ideal y hasta elegir el mejor lugar para construir un edificio, ya que según la filosofía china, en un ambiente armonizado hay salud física, mental y espiritual.

Su premisa básica es que, si establecemos una relación armónica y cooperativa con nuestro entorno, aumentaremos nuestras posibilidades de tener éxito en todas las áreas de nuestra vida.

Los problemas que envuelven una casa y las personas que en ella viven, pueden ser diagnosticados y resueltos de una manera simple y adaptada al moderno estilo de vida occidental, llevándonos a entender y comprender una sabiduría muy profunda capaz de hacernos "vivir en armonía con la naturaleza".

Filosofías relacionadas con el Feng Shui

Para familiarizarnos con este modo de comprender la energía que fluye en los ambientes, es necesario hacer un breve repaso por algunas de las filosofías orientales que se relacionan con el Feng Shui.

Yin y yang, los opuestos complementarios

Toda manifestación en el universo está acompañada del principio de polaridad. Toda energía y forma material incluye siempre la presencia de polaridades de carácter positivo y de carácter negativo. El día y la noche, las pleamares y las bajamares, el hombre y la mujer, son todas manifestaciones del yin y el yang. Estas polaridades, aparentemente opuestas, se complementan, generándose la eterna alternancia y el equilibrio de los opuestos que hace posible la vida.

El yin es oscuro, el yang es luminoso; el yin es femenino, el yang es masculino; el yin es el vacío, el yang es lo lleno; la Tierra es yin, el Sol es yang.

Ahora bien, ¿cómo se manifiestan el yin y el yang en el hogar?

Yin	Yang
Colores oscuros y fríos	Colores claros y cálidos
Mobiliario de líneas curvas	Mobiliario de líneas rectas y ángulos marcados
Iluminación tenue	Iluminación directa e intensa
Asientos bajos	Asientos con respaldo alto
Ambiente silencioso	Música, bullicio.
Alfombras	Mosaicos y cerámicos
Amplios espacios vacíos, minimalismo	Sensación de amontonamiento, exceso de ornamentación

Hay ambientes de la casa que se favorecen con un predominio de elementos yin; otros, en cambio, se relacionan mejor con las características yang. Por último, hay otros que requieren de un equilibrio yin-yang.

En las casas con demasiados elementos yang se percibe un abarrotamiento de objetos: nos conectan con lo que nos sobra, lo que nos abruma, lo que tenemos en exceso y no podemos manejar. Por el contrario, el exceso de yin sugiere vacío, desnudez, soledad, la falta de algo.

El Tao

El origen de esta filosofía se pierde en los inicios de la civilización china y tiene que ver con la dependencia de la naturaleza.

El Tao es la fuente de toda existencia. Es la unidad nunca visible y desde donde todo fluye, expandiéndose en vibraciones para manifestar los mundos y la naturaleza.

Los aspectos opuestos del yin y el yang, al complementarse, producen la unidad del Tao.

Pero los taoístas fueron más allá y descubrieron también que existía una conexión invisible entre lo interno y lo externo. Nuestra casa es una representación física de las fuerzas que operan en nuestro mundo interno.

Cuando decimos que vamos a armonizar nuestro hogar queremos decir que vamos a ponerlo en sintonía con nuestro mundo interno: con nuestras necesidades, nuestros afectos, proyectos y aspiraciones más profundas.

En la naturaleza nada sucede al azar, y tampoco en nuestras casas. Cada objeto, cada mueble, contiene una historia, ejerce una influencia, crea una experiencia, nos modifica. Pequeños cambios pueden generar grandes consecuencias. La dimensión del Feng Shui es la dimensión del pequeño detalle, de lo inadvertido, de lo sutil.

El chi o la energía de la vida

El chi es la fuerza creadora universal, esencia de la manifestación de la vida. Chi es vitalidad, es la energía primordial del Universo.

El equilibrio vital entre el yin y el yang es un equilibrio dinámico. Si la mujer y el hombre son expresiones del yin y el yang, entonces el chi es la fuerza que los atrae y genera una relación dinámica entre ambos.

Para percibir el chi, sólo necesitamos de nuestros sentidos: la vista, el olfato, el tacto y el oído. Si queremos saber cómo fluye el chi en un espacio determinado, veamos qué cosa nos llama la atención primero. Hacia donde se dirige nuestra atención, fluye también el chi.

Los comerciantes utilizan intuitivamente este principio para atraer clientes: carteles luminosos, objetos que se mueven con el viento, colores llamativos, etc. Todas éstas, son formas de atraer la atención y, por lo tanto, el chi, hacia un lugar específico.

La clave del buen chi de un espacio radica en la forma en que son estimuladas nuestras percepciones, que no deben ser bloqueadas, confundidas, ni aceleradas.

El Feng Shui nos enseña a ubicar los colores, las formas, la luz y los aromas en un ambiente, de modo de atraer el chi hacia nuestro hogar y hacerlo circular armoniosamente.

Armonice su hogar

Un aspecto esencial del Feng Shui es recuperar la experiencia sensorial de la naturaleza dentro de nuestro hogar. No sólo los colores son importantes, la experiencia positiva de un espacio requiere de la adecuada estimulación de los cinco sentidos. La armonía se logra cuando el color, las texturas, los sonidos y los aromas confluyen hacia un mismo objetivo.

El experto en Feng Shui detecta los lugares en que existen problemas energéticos y trata de corregirlos, ya que existen muchas maneras de perturbar la corriente universal chi y de mejorar su flujo interno. Las grandes mejorías que se obtienen con unos simples cambios son extraordinarias. Muchas veces unas plantas, la iluminación adecuada y un simple movimiento de muebles logran el efecto buscado.

A continuación, algunos consejos prácticos para trabajar en nuestro hogar.

Los muebles, la luz, los espejos...

• Coloque sus muebles de modo tal que al entrar en un lu-

gar se establezca contacto visual con los allí presentes.
• Coloque plantas para crear un flujo de energía dirigido cuando el espacio es muy amplio.

> *Las plantas son verdaderos reservorios de energía que no sólo embellecen un ambiente sino que contribuyen poderosamente a lograr un flujo adecuado de la energía chi. Además, las plantas pueden ofrecer soluciones prácticas para dividir espacios y crear rincones agradables.*

• El tamaño de los muebles debe ser proporcional al tamaño del lugar donde se encuentran. Así un sofá enorme en una habitación pequeña "roba" energía, mientras que dos sillas pequeñas solitarias en un local grande nos hacen sentir desprotegidos.
• Se recomienda la sencillez. Mientras menos muebles y objetos haya en un lugar más armonioso será, ya que un sitio muy "cargado" absorbe demasiado la atención de los visitantes y su energía.
• Los espejos solucionan muchos problemas espaciales. Colocados estratégicamente añaden luz natural a un espacio oscuro, descubren entradas y crean la sensación de más amplitud.
• El nivel de iluminación es indispensble para poder armonizar el ambiente: luces claras y brillantes, similares a la luz solar en los sitios como la cocina o dondequiera que trabajamos y leemos. Luces más suaves y discretas en las salas y locales donde socializamos, más íntimas en la recámara.

• Una fotografía de un paisaje o una obra de arte pueden actuar como una invitación a "entrar" en algún lugar determinado.

• Es importante que se elimine el desorden que haya en la casa, con la idea de despejarse de las cosas que no se usan (muebles, ropa, libros, periódicos o todo lo que significa acumulación innecesaria).

• La limpieza de armarios y alacenas debe ser constante; sobre todo, hay que buscar que todas las cosas que tenemos en la casa funcionen correctamente.

La entrada a la casa

• Entrar a la casa debe ser una experiencia agradable. Para ello, mantendrermos la entrada tan abierta y limpia como sea posible.

• La entrada debe estar bien iluminada: un recibidor sombrío nunca puede funcionar bien, pues somos atraídos y estimulados por la luz.

• La puerta debe abrirse en un amplio gesto de bienvenida, sin obstáculos y sin ruido de bisagras.

• Las plantas colocadas en este lugar ayudan a que la energía que entre a la casa sea positiva.

• Ubicar un lugar cercano a la derecha de la puerta en donde se puedan apoyar bolsos, carteras, paraguas y hasta los zapatos, si se desea.

Si colocamos un felpudo en la entrada, estaremos aportando una nota yin (receptiva) para equilibrar un elemento yang (el piso duro).

El corazón de la casa

Se sitúa idealmente en un área yin-yang que puede ser la sala de estar, un estar íntimo, un comedor o comedor diario.

La clave de este sector es la comunicación. Casi todas las casas tienen un living o un espacio para estar, pero no basta la presencia de los muebles para lograr que ese lugar funcione como el corazón: hay que crear condiciones que favorezcan la comunicación, el Tao, entre los integrantes de la familia.

• En este sentido, resulta muy positivo ubicar los asientos formando ángulos de 90°: esta posición es la ideal para favorecer la comunicación en el nivel afectivo.

• Hacer resaltar el centro, ya sea con una mesita baja o con una iluminación dirigida, es otra de las claves para garantizar el adecuado flujo de la energía.

• La variedad de asientos: mecedoras, puffs, sillones, etc., permite que cada uno pueda encontrar su preferido o que pueda elegir el que mejor se adapta a un estado de ánimo particular.

• En el comedor es recomendable la higiene y la ventilación sin corrientes de aire; así, al sentarse la familia alrededor de la mesa, disfrutará de la comida.

La habitación

• Los muebles deben colocarse de manera que se tenga una amplia visión tanto de la habitación como de la puerta.

• La cama debe ubicarse de modo tal que desde ella, estando uno acostado, pueda ver la puerta y a todo el que entra en el cuarto lo cual ayuda a proporcionar un adecuado sueño.

• No se recomienda colocar la cama en el centro de una habitación espaciosa porque la sensación de desprotección será intensa.

El Feng Shui y los colores

La utilización de colores en la decoración de un hogar no tiene un propósito simplemente decorativo, sino que produce efectos psicológicos y fisiológicos bien definidos.

Trabajando con los colores, podemos crear en cada ambiente la atmósfera que deseamos, ya sea estimulante, creativa, relajante, etc.

A continuación hallaremos información útil sobre diversos colores, que nos servirá para aprovechar su energía en los ambientes de la casa.

> *Algunos colores, como el rojo, imparten mayor caudal de energía; el azul, por el contrario, tiene un efecto relajante.*
> *Los tonos terrosos, en cambio, brindan sensación de seguridad.*

Colores naturales

Los colores naturales (madera, habano, crudo, maíz, beige etc.) nos recuerda a la tierra, nos estabilizan, nos hacen sentir firmes y consolidados. Sin embargo, cuando se presentan en exceso y sin otros toques de color pueden resultar aburridos, opresivos y apáticos. Son adecuados para la sala de estar y el dormitorio, ya que conducen a la pasividad y al descanso. No son aptos para lugares donde se trata de generar ideas nuevas o trabajos creativos.

Azul

Ideal para espacios donde solemos adoptar una actitud contemplativa. En exceso, el azul conduce a la soledad, la introversión y la frialdad. Es adecuado en dormitorios con luz natural intensa y climas cálidos, en oficinas y en el comedor donde se alimentan personas que desean adelgazar.

Por el contrario, no es recomendable en lugares donde viven personas con tendencias depresivas, en teatros y en la cocina.

Negro

El negro es la ausencia total del color. Utilizado con acierto evoca un aire de misterio, profundidad y sofisticación. Mal utilizado lo asociamos a la muerte y la insanía. No es apto para habitaciones donde duermen y juegan niños, cocinas, espacios relacionados con la salud y lugares donde se quiera establecer una comunicación fluida entre las personas.

Rosa

Ciertos tonos de rosa se encuentran entre los colores que producen el máximo efecto relajante. Asociado tradicionalmente a la feminidad, el romanticismo y la sensibilidad, para algunas personas resulta afectado y cursi. No es apto para ambientes de trabajo o estudio.

Rojo

Es el color que transmite la máxima energía. Lo asociamos al calor, la pasión y la energía vital.

El rojo puro debe utilizarse con moderación, siempre en objetos pequeños y nunca en superficies grandes. Las personas depresivas pueden beneficiarse utilizando objetos rojos (por ejemplo, un despertador o un velador rojo en la mesa de luz).

Debe evitarse el exceso de rojo en lugares de trabajo, pues hace que las personas se distraigan; en los lugares destinados al descanso (excepto en el caso de personas con tendencias depresivas; y en los lugares públicos donde concurre gran cantidad de paréntesis gente, pues incita a la violencia.

Anaranjado

Los tonos derivados del anaranjado (durazno, salmón) son excelentes para generar una sensación de unidad, fraternidad e igualdad. Son adecuados para utilizar en salas de estar y habitaciones de huéspedes.

Por el contrario, no son aptos en lugares de trabajo que requieran concentración, como por ejemplo, el estudio de un escritor, oficinas, etc.

Amarillo

El amarillo es el color del sol, de la luz, del día, del optimismo y de la claridad, pero, como es sensible a los cambios de tonalidad, ciertos tonos pueden recordar envejecimiento, enfermedad, o traición.

Es un color magnífico para llevar alegría a un ambiente. Resulta excelente en la cocina, especialmente si la familia suele comer allí, y también en el cuarto de los niños. Además, compensa la falta de luz natural en ambientes oscuros.

Por el contrario, no es recomendable en espacios habitados por las edades extremas: los bebés lloran más en habitaciones amarillas y las personas mayores tienden a rechazarlo.

Blanco

Es la suma de todos los colores. El blanco lo refleja todo y nada esconde. Irradia pureza y limpieza, en ciertos casos puede generar una sensación de vacío y frialdad.

Se trata de un color ideal para cuartos de baño y dormitorios.

Por el contrario, no es recomendable en hogares ubicados en regiones de clima frío, y en las habitaciones de los niños pequeños.

Verde

El color de la vida vegetal y de la primavera evoca crecimiento, expansión, tranquilidad y rejuvenecimiento, aunque en algunos casos se asocia a la inmadurez, la envidia y la inestabilidad.

El verde, en cualquiera de sus tonalidades, es adecuado -si hay buena luz natural- en dormitorios, salas de estar, baños, habitaciones de niños pequeños y lugares donde haya que generar ideas nuevas y creativas.

Al contrario, no es recomendable su utilización en lugares oscuros, y tampoco en habitaciones de adolescentes.

Púrpura

Un color raro en la naturaleza y difícil de lograr, que expresa exclusividad y autoridad.

Es adecuado en oficinas de personal jerárquico y habitaciones de adolescentes, pero resulta poco recomendable en salas de estar o lugares donde se come.

CAPÍTULO 7:

Las plantas medicinales

Desde el principio de los tiempos

La necesidad de sobrevivir obligó al hombre a alimentarse y, por ende, a perfeccionarse en la caza o en recolección de alimentos. Más tarde debió aprender a curar las heridas y afecciones que lo apremiaban, y también a cuidarse de los peligros que lo asechaban. Para ello, se valió de todo aquello que estuviera a su mano, es decir, de los recursos que le ofrecía su entorno.

Así comenzó a observar y aprender del comportamiento de los animales: cómo seleccionaban sus alimentos, qué vegetales comían, etc. Este aprendizaje constituyó en sí mismo toda una odisea y se llevó a cabo a lo largo de períodos muy extensos de la historia.

En las aldeas primitivas, quienes primero desarrollaban una mejor adaptación al medio (por ejemplo, quienes se destacaban por poseer capacidades para pronosticar cuáles eran las mejores épocas para el cultivo de las semillas y la recolección) y quienes podían curar, eran considerados sabios o chamanes.

Así fue como paulatinamente, la raza humana fue estableciendo lazos firmes, y a veces secretos, con el reino vegetal y animal.

Los que iniciaron el camino

Varios siglos antes de Cristo, y en Grecia, Hipócrates, a través del empleo de las plantas medicinales, fundó las bases de la medicina moderna.

En China y en Egipto también se utilizaban las hierbas con fines curativos.

Durante la oscura Edad Media, en los monasterios supieron guardarse los valiosos y secretos conocimientos alcanzados sobre los poderes curativos de ciertos vegetales. Se trabajaba en huertas y se preparaban vinos medicinales con productos vegetales.

Los chamanes indígenas de América hicieron su aporte al botiquín vegetal, en la forma de preparados con hierbas autóctonas del continente.

El presente y el futuro

Las plantas medicinales han tenido una enorme incidencia en la evolución de la homeopatía, la anestesia y la farmacología, y, por qué no, de la medicina en general.

La aspirina, la reserpina, la penicilina, pilocarpina, ipecacuana, atropina, además de muchas otras drogas, tienen origen vegetal.

La fitoterapia fue maltratada por el espíritu científico del siglo XIX, cuyos exponentes creyeron en el poder sin límites de la química de síntesis para curar las enfermedades. Sin embargo, a partir de la segunda mitad del siglo XX y en vista de los buenos resultados obtenidos, se ha dado un especial interés a la investigación y prescripción de hierbas medicinales.

La Organización Mundial de la Salud ha señalado que en la actualidad el 80% de la población mundial depende, para la atención primaria de su salud, de las plantas medicinales. Además, se ha reconocido como fitomedicina a un importante sector de la práctica de la fitoterapia, lo que refleja una jerarquización de gran valor.

Todo esto significa que, gracias a la tradición popular y a la tenacidad de algunos, la fitoterapia pudo renacer y ser valorada en su justa medida.

Los fitoterapeutas han formado escuela y cada vez más las plantas y sus productos son utilizados como medios terapéuticos de gran valor. Esta tendencia creciente se corresponde con nuestros deseos de llevar una vida sana y volver a la medicina natural.

¿Qué es la fitoterapia?

La fitoterapia -nombre genérico que se aplica al uso medicinal de las plantas- nunca ha dejado de tener vigencia. Casi todas las culturas tienen o han tenido una importante tradición de fitoterapia. Antiguamente, los vegetales utilizados por los pueblos han estado sujetos a los recursos que ofrecía la naturaleza propia de cada región. En la actualidad, gracias a los avances en el transporte y en la difusión de la información, tenemos la inédita oportunidad de aprovechar las ventajas de casi todas las especies vegetales.

El reino vegetal nos entrega generosamente herramientas terapéuticas que enriquecen el cuidado de nuestra salud.

La fitoterapia estudia la utilización de los productos de origen vegetal con finalidad terapéutica, ya sea para prevenir, para atenuar o para curar las enfermedades y afecciones que padecen las personas.

Las hierbas, raíces, plantas y otros productos derivados son utilizados para estimular la fuerza vital del ser humano, de manera que éste se encuentre en condiciones de curarse a sí mismo.

¿Cómo se utilizan las plantas medicinales?

Se considera que existe en la naturaleza una especie vegetal capaz de curar cada una de las afecciones y dolencias que se nos presentan a lo largo de nuestra vida.

Las plantas medicinales son útiles para abordar una gran variedad de problemas, sean digestivos, respiratorios, de piel, circulatorios, nerviosos, etc.

Los remedios vegetales son extraídos de raíces, hojas, tallos, flores, semillas y frutos en forma de extractos o tinturas madre, y, por lo general, se administran en forma líquida, bajo la forma de gotas o cápsulas, o infusiones.

Primitivo, pero eficaz

La utilización de hierbas medicinales en infusión o maceración en agua responde al método más primitivo; pero no por ello puede considerárselos menos eficaces.

También, se presentan como cremas o aceites que han de ungirse en el cuerpo o diluirse en el agua del baño.

A través de la ingesta de remedios de origen vegetal se obtienen maravillosos resultados y, a diferencia del tratamiento con medicamentos "químicos", no se presentan, generalmente, efectos colaterales.

Vegetales versus químicos

Los remedios hechos a base de plantas presentan una inmensa ventaja respecto de los medicamentos esencialmente químicos, principalmente porque los principios activos que se extraen de las plantas se hallan naturalmente equilibrados.

En los vegetales conviven distintas sustancias que pueden complementarse, inhibirse entre sí o, algunas veces, potenciarse. Este balance o equilibrio es el brindado por la sabia naturaleza y es gracias a él que, en general, los medicamentos de origen vegetal no poseen efectos negativos o contraindicaciones.

Queda mucho por descubrir

Lamentablemente, y en parte debido a la inmensa variedad de especies vegetales, todavía no se conocen exhaustivamente las extraordinarias cualidades de muchas plantas.

Muy lejos de lo que sucede con la farmacología química, los casos de intoxicación grave, o de muerte, por ingesta de plantas medicinales, registran porcentajes muy bajos, más aún teniendo en cuenta el volumen de población mundial que hace uso de ellas en la atención primaria de la salud.

De todos modos, la ingesta de este tipo de medicamento no debe considerarse inocua: ya Paracelso alertaba diciendo que un tóxico puede ser un remedio pero que también un remedio podía resultar tóxico, según la dosis suministrada. Es por ello que se dice que no existen plantas medicinales tóxicas en sí mismas, sino usos indebidos de las mismas.

Los medicamentos, tanto los de origen vegetal como los considerados "químicos" deben consumirse siempre bajo prescripción médica

y respetando a rajatabla las dosis indicadas por el profesional actuante.

La fitoterapia y el combate contra el estrés

Como se ha señalado al comienzo de esta guía, es sabido que hay un estrés considerado "positivo", necesario e incluso beneficioso para el cuerpo y para darle interés a la vida. En contraposición, cuando se traspasan los niveles tolerables y cuando lo originan situaciones "negativas", el estrés puede provocarnos una gran variedad de trastornos: agotamiento, dolor muscular, irritabilidad, apatía, insomnio e infinitos problemas más.

Las plantas medicinales, sin duda, podrán ayudarnos en el combate contra el estrés negativo, tanto en épocas de crisis, como para mantener el equilibrio en etapas signadas por la calma. En este último caso, resulta útil la inclusión de ciertas plantas medicinales en la rutina diaria.

Lo fundamental es, siempre, consultar al médico para que sea él quien prescriba la dosis indicada, la forma de consumo y, por supuesto, el tipo de hierba a utilizar para tratar o prevenir un problema de salud determinado.

A modo de orientación, enseguida conoceremos algo sobre tres plantas medicinales muy utilizadas por los médicos naturistas, sobre todo debido a que resultan muy convenientes a la hora de reducir el nivel de estrés y aumentar la energía vital.

Ginseng siberiano

Se trata de una planta que ayuda al cuerpo a adaptarse al estrés, tiende a aumentar la concentración, activa las glándulas suprarrenales y mejora el sistema inmunológico.

Cuando la dosis es moderada no se observan efectos secundarios, aunque si ésta aumenta suelen potenciarse los efectos de los antibióticos.

Se presenta en cápsulas, extractos y en infusiones.

Manzanilla alemana

Se trata de flores muy pequeñas que se utilizan como sedantes y analgésicos, y que además sirven para curar heridas y tratar contracturas musculares, y regular la actividad intestinal. Usualmente son prescriptas para moderar el impacto del estrés cotidiano.

Se presentan en cápsulas o extractos y también se recomienda su consumo en infusiones.

En cuanto a los efectos no deseados, no existen aún advertencias, excepto que no se recomienda su uso durante el embarazo y la lactancia.

Kava

Es una raíz australiana que disminuye la ansiedad y es apta para el control del estrés cotidiano, ayuda al razonamiento de problemas y es una gran aliada en los procesos de aprendizaje.

No se han apreciado efectos secundarios, adicción o intolerancia; pero no es aconsejable que la utilicen personas con problemas como la adicción al alcohol o a los psicofármacos.

Las flores de Bach

Se trata de una variante de la medicina natural que se destaca por el tratamiento sobre la persona, y no sobre la enfermedad o los síntomas que la acompañan. Por ello se dice que se trata de una terapia holística.

La característica distintiva de las flores es que trabajan sobre la condición emocional de la persona en el momento de la consulta.

El tratamiento de las flores de Bach se basa fundamentalmente en la autocuración de las dolencias y autorregulación del equilibrio perdido mediante la corrección de las actitudes negativas del individuo.

La terapia de flores de Bach parte de la concepción de que las afecciones y enfermedades se generan ante la falta de armonía interior, la cual se manifiesta primero en forma de sentimientos negativos, como el miedo, la angustia, la incertidumbre, la ansiedad, el pesimismo, etc; para más tarde convertirse en trastornos físicos o fisiológicos.

La función de las esencias florales es, básicamente, colaborar en la lucha con la enfermedad, corrigiendo los factores emocionales negativos que producen el trastorno, y que otras tantas veces se erigen como obstáculos para la cura.

Las flores poseen excelentes cualidades para prevenir consecuencias indeseadas originadas por ansiedad, estrés y debilidad física. Cuando se recupera la armonía interior, se regenera la energía vital necesaria para construir una vida satisfactoria a nivel físico, emocional y espiritual.

El aporte de las bellas flores

Edward Bach, médico de origen galés nacido en 1886, sostenía que la enfermedad es el producto del desequilibrio entre la mente y el cuerpo, lo cual altera el campo energético de la persona. Durante el proceso de investigación, Bach fue descartando distintas opciones y se sumergió en el estudio de varias disciplinas de la medicina hasta llegar a la homeopatía. Justamente, la homeopatía fue la clave que le permitió acercarse a la terapia floral.

Bach descubrió que la energía de las flores funcionaba como catalizador de las emociones negativas y, mediante el análisis y experimentación, estableció los 38 remedios, cada uno para un estado emocional y mental específico.

> ## *Quitapenas y algo más*
>
> *Las esencias florales nos permiten calmar las penas y las tensiones nerviosas, nos contagian el buen humor y las ganas de vivir, y amplían nuestras capacidades perceptivas y creativas.*

Como acabamos de leer, el sistema diseñado por el Dr. Bach está compuesto por 38 remedios: 34 provienen de flores silvestres, 3 de flores cultivadas, y el último, en realidad es un tipo de agua de manantial con propiedades curativas, denominado Rock Water.

Los 38 remedios florales de Bach han sido clasificados en siete grupos, según el estado emocional sobre el que actúan.

- Para quienes sienten **temor**.
- Para la **soledad**.
- Para quienes están afectados por el **desaliento o la desesperación**.
- Para aquellos que se **preocupan por el bienestar de los demás**.
- Para quienes **no sienten interés por la presente circunstancia**.
- Para los que padecen **incertidumbre**.
- Para la **hipersensibilidad a influencias e ideas**.

Las esencias florales son elaboradas en forma artesanal y para cada preparación se toman en cuenta las condiciones de desarrollo de las flores, es decir, el clima en el que han crecido, la armonía con el lugar en que han nacido, las condiciones de la zona geográfica de que son oriundas, el estado de la flor, etc.

Las flores resultan ser muy provechosas, sobre todo para los habitantes de la región en donde ellas crecen, debido a que al convivir con sus vecinos de los reinos mineral, animal y vegetal, van mimetizándose sus frecuencias vibratorias hasta alcanzar un estado de equilibrio óptimo, que también impacta positivamente en el hombre.

Diagnóstico y terapia floral

En principio, es importante señalar que no es necesario estar enfermo para beneficiarse con los remedios florales. Muchas veces se recurre a las flores ante episodios importantes en la vida o sólo en forma preventiva.

El diagnóstico es producto de una o varias consultas, y se define de acuerdo con el buen entender del terapeuta, quien en base al estado psico-emocional que la persona presenta debe seleccionar una o más, entre las 38 esencias florales que Bach describió magistralmente.

La terapia floral despertará nuestra propia energía curativa y nos brindará mayores capacidades para encontrar nuestra verdadera identidad, corrigiendo las actitudes y sentimientos negativos.

A medida que vayamos profundizando la terapia, iremos equilibrando nuestro ser interno y hallaremos más fácilmente la armonía con el medio externo.

Los remedios florales pueden tomarse solos o conjuntamente con otros, tanto químicos como naturales, y generalmente se administran vía oral, en forma de gotas.

Otras formas de consumo

Los remedios florales también pueden, según la forma en que han sido elaborados, diluirse en el agua del baño, o aplicarse en la piel –en forma de crema o aceite- o inhalarse a través de vaporizaciones.

A continuación hallaremos una breve descripción de algunos de los 38 remedios florales de Edward Bach; específicamente, de aquellos que integran habitualmente tratamientos relacionados con el combate contra el estrés.

FLORES DE BACH	INDICADAS PARA...
Aspen	Para quienes sienten miedo sin motivo conocido.
Cherry Plum	Para aquellos que tienen miedo a perder el control, o para los propensos a torturarse con pensamientos irracionales.
Elm	Para aliviar al que está abrumado por las responsabilidades.
Olive	Para el fatigado que carece de energía.
Rock Rose	Para aquellos que se alarman con facilidad o sienten pánico repentino.
Rescue Remedy	Para quien se encuentra en estado de shock o estrés agudo.
Star of Bethlehem	Para sobreponerse a los efectos de un shock o una noticia grave, y para poder aceptar el consuelo de los demás.
Sweet Chestnut	Para el que se siente muy angustiado y piensa que ha llegado al límite de sus fuerzas.
White Chestnut	Para quien padece de preocupaciones y miedos que se repiten, y no alcanza a alejarlos.

Epilobium angustifolium	Normaliza la energía vital en las situaciones traumáticas y calma la agresividad.
Crataegus oxyacanth	Calma penas profundas, como por ejemplo la originada por la pérdida de un ser querido.
Lavendula officinalis	Equilibra la energía en caso de excesiva estimulación.
Matricaria chamomilla	Ayuda a superar trastornos emocionales, la alteración nerviosa, la hiperactividad y los cambios repentinos de humor.
Salvia officinalis	Alivia las tensiones, reduce la fatiga, estimula la sonrisa y relaja el cuerpo.
Valeriana officinalis	Permite superar las tensiones y nervios en momentos de estrés. Es un excelente tranquilizante y muy útil para el insomnio.

CAPÍTULO 8:

La homeopatía

¿Cómo actúa la homeopatía?

La medicina homeopática trata a la persona como un todo, considerándola no sólo desde el punto de vista físico, sino también desde el plano emocional y energético.

Para el homeópata, la persona y su enfermedad son concebidas como un todo inseparable, por lo que para el tratamiento se consideran conjuntamente las características constitucionales del individuo y los síntomas de la enfermedad.

Samuel Hahnemann, el investigador alemán de mediados del siglo XVII considerado padre de la homeopatía, postuló que todo medicamento que tiene la capacidad de despertar en el hombre sano determinados síntomas, es capaz también de curar los síntomas semejantes que se presentan espontáneamente en el enfermo.

La homeopatía estimula las reacciones del propio organismo y lo prepara para la autorreparación.

Un poco de historia

La homeopatía tiene una larga e interesante lista de antecedentes. En el siglo IV a.c., Hipócrates anunciaba que básicamente existen dos posibles maneras de curar: por los contrarios y por los semejantes. Esta última es la manera de actuar de la homeopatía, que busca curar un trastorno administrando pequeñas dosis de la misma sustancia que lo provocó.

Siglos más tarde, Galeno, y a partir de él la medicina tradicional, optó por la utilización de la regla de los contrarios.

La inspiración de Paracelso

El padre de la homeopatía, Samuel Hahnemann, se apoyó en gran medida en la concepción de Paracelso para experimentar en la cura por semejanza.

Así es como, en la generalidad de los casos, la medicina tradicional trata las enfermedades con contrarios: cuando existe un dolor, recurre a un analgésico anti-dolor.

A fuerza de la experimentación con sustancias, Hahnemann creó su propio método para procesarlas hasta alcanzar la llamada "energía medicamentosa". Los principios en los que se basaba su sistema eran la semejanza, la experimentación en el hombre sano, el medicamento atenuado y la individualización del paciente.

Los tres principios fundamentales

La homeopatía clásica está centrada en tres principios básicos:

• **La ley de los similares**, que establece que una enfermedad es curada por una medicina que cause síntomas semejantes a los que el paciente experimenta, pero en una persona sana.

• **La medicina única**, porque se personaliza a la medida de cada paciente en particular.

• **La dosis mínima**, que establece que a menor dosis y menor frecuencia la respuesta del paciente a la misma será mejor.

A partir de la aplicación de estos principios, la homeopatía utiliza sustancias orgánicas, minerales y vegetales para estimular el sistema inmunológico del organismo. De este modo, el cuerpo desarrolla y pone en actividad sus defensas propias, en contra de los agentes patógenos, virus y bacterias, y recupera su equilibrio, desestabilizado por las agresiones de la vida moderna como el estrés, la contaminación, etc.

El tratamiento: la importancia de la primera consulta

El médico homeópata se tomará todo el tiempo necesario (no menos de una hora) para conocer a su nuevo paciente. Como dijimos, es muy importante la individualidad de la persona, conocer su estilo de vida, su personalidad, etc.

Se conversa relajadamente para abordar cada detalle, ya que el medicamento deberá tener todas las características de la persona enferma, y cuantas más similitudes compartan, más eficaz y rápido será el tratamiento.

También, el homeópata efectuará un completo examen físico de rutina, tomará la presión, efectuará una auscultación pulmonar, controlará el ritmo cardíaco, etc.

Este abordaje individual hacia el paciente y su enfermedad no es más que la expresión de que somos seres humanos únicos e irrepetibles y que también las enfermedades y trastornos que padecemos a lo largo de nuestra vida se presentan con diferencias individuales muy importantes.

Es por todo esto que la homeopatía se concibe como una medicina del enfermo y de su enfermedad, que indaga más allá del síntoma superficial. Fundamentalmente, hay que señalar que no existe un esquema único para el tratamiento de una enfermedad determinada.

El tratamiento homeopático consiste en estimular las defensas del organismo para que éste se encuentre preparado espontánea y naturalmente para autorreparar cualquier alteración que se suceda.

Una vez elegido el medicamento, se efectúa un seguimiento riguroso para observar su actuación. Si al iniciar el tratamiento se produce un incremento en la intensidad de los síntomas, esto es entendido como una buena señal. En cambio, cuando la sintomatología varía, puede decidirse un replanteo.

Terapia homeopática anti-estrés

En cuanto a las afecciones relacionadas con el estrés, la homeopatía generalmente ha sido beneficiosa para el tratamiento y recuperación de los siguientes trastornos.

- Cefaleas.
- Trastornos del aparato digestivo (aftas, gastritis, úlceras, colitis, constipación, etc.).
- Afecciones respiratorias de origen bacteriano, virósico o alérgico.
- Trastornos cardio-circulatorios (hipertensión arterial, anemia, várices).
- Afecciones nerviosas (ansiedad, angustia, estrés agudo, depresión, insomnio).
- Cansancio, falta de energía.

Ya hemos visto la diversidad de afecciones y trastornos que pueden ocasionar el estrés y la variedad infinita de motivos que lo provocan. Los tratamientos homeopáticos para episodios aislados o agudos suelen ser más rápidos y sencillos y, en general, tienen a contrarrestar los síntomas. En cambio, frente a cuadros de estrés o ansiedad crónica resulta aún más ineludible el estudio pormenorizado del paciente y aumenta en complejidad la elección del medicamento de base.

Asimismo, para ambos casos, el médico homeópata podrá prescribir como complemento al medicamento de base otros medicamentos de acción local para cubrir ciertos síntomas persistentes.

Las ventajas de la terapia homeopática

La homeopatía es una disciplina complementaria útil y eficaz para el tratamiento de todas las enfermedades: algunas veces podrá lograr la curación del paciente y otras producirá una mejoría importante en su estado general.

Como prioridad, la terapia homeopática trata la causa de la enfermedad, y no la sintomatología superficial. Por ello, se dice que la meta del tratamiento homeopático es la cura definitiva.

Por otra parte, los medicamentos homeopáticos no poseen contraindicaciones, no agreden al organismo, es decir que son inocuos.

La homeopatía, también llamada la "medicina del sentir", además de controlar la causalidad de la afección, nos brinda una oportunidad invalorable de equilibrar nuestra energía vital y de armonizarnos física y emocionalmente.

En suma, la homeopatía es una excelente herramienta para elevar nuestra calidad de vida.

CAPÍTULO 9:

La aromaterapia

Una larga, larga historia...
y un accidente

Para nuestros antepasados americanos, el chamán o hechicero de la aldea indígena era el encargado de elaborar los perfumes que se utilizaban para elevar el espíritu y conectarse con los dioses. Los métodos y sustancias que se usaban para los diluidos y preparados eran guardados como el más preciado de los secretos, pues las esencias se utilizaban, además, para exorcizar los espíritus malignos y para diversos ritos religiosos.

Los perfumes y aceites constituyeron, al igual que las hierbas medicinales, las primeras herramientas de curación que utilizó el hombre. La historia y la literatura nos dan infinitos ejemplos de ello.

Después de quedar en el olvido durante cientos de años, los aceites aromáticos recuperaron interés gracias al azar.

La aromaterapia moderna nació en Francia por un casual accidente poco antes de los años 30. Cuando el químico francés René Gattefosse, se quemó la mano en su laboratorio, recordó repentinamente las bondades de la lavanda para curar quemaduras y sumergió la mano en lavanda pura. Los resultados fueron asombrosos. Tan rápida fue la recuperación que comenzó inmediatamente con sus investigaciones para establecer el cómo y el porqué de su acción terapéutica.

¿Qué es la aromaterapia?

El diccionario nos enseña que la aromaterapia es la utilización terapéutica de los efectos producidos por los aromas, en el organismo.

La aromaterapia es una disciplina terapéutica basada en la curación de las enfermedades y el desarrollo del potencial humano mediante la utilización de los olores, y en la premisa de prevenir las enfermedades a partir del refuerzo de los mecanismos de autodefensa del organismo.

La terapia de los aromas descubre en la naturaleza soluciones para muchos malestares del hombre, como también secretos para hacer relucir la belleza exterior e interior.

Somos un todo

La aromaterapia es otra de las llamadas "terapias holísticas", según las cuales cada síntoma es tratado en el contexto de la persona como una totalidad.

La aromaterapia, al igual que ocurre con las flores de Bach, se basa en una consulta exhaustiva con el paciente, a través de la cual se averigua la historia personal, el estado emocional y las dolencias o malestares del individuo. A partir de ello, el profesional selecciona el o los aceites esenciales que prescribirá y el método de aplicación que entienda más adecuado para el caso en examen.

Los aromas y los aceites esenciales

Normalmente, en los tratamientos por aromaterapia se utilizan los aromas que emanan de aceites esenciales, pero también encontraremos otros casos en que los olores que se utilizan con fines terapéuticos son los producidos por ciertas sustancias o productos de origen natural, por ejemplo sahumerios, plantas, etc.

Los aceites esenciales se obtienen de flores, semillas y frutos, raíces o cortezas vegetales. Se dice que son el alma de las plantas y flores, y que una sola gota posee todas las cualidades y propiedades del vegetal. Los componentes activos que los integran penetran en el cuerpo a través de la piel o el aire que se inspira, ayudando a equilibrar física, emocional y espiritualmente a la persona.

Los efectos que se consiguen con los aceites esenciales abarcan un extenso abanico de funciones: calmantes, desinfectantes, analgésicos, antiinflamatorios, etc.

Los aceites de las plantas tienen componentes químicos particulares, que hasta hoy no han sido susceptibles de producción sintética en laboratorios. Aun siendo optimistas, sólo podremos concluir que los resultados obtenidos artificialmente presentan cualidades cercanas a los perfumes y aceites esenciales, razón por la cual se recomienda la utilización, durante la terapia, de aromas realmente naturales.

Consejos para comprar un aceite esencial

Los aceites esenciales deben haberse producido respetando los estándares de calidad exigidos y deben ser lo más puros posible. Si ambas cuestiones son tomadas en cuenta, nos asegura-remos de que su efecto terapéutico sea el adecuado.

Lamentablemente, están en oferta pública muchos aceites de baja calidad o adulterados. Para evitar caer en la trampa de comprarlos, sugerimos leer las siguientes recomendaciones.

• Estudie el envase y, específicamente, dirija su atención en función del producto a comprar, a lo que su etiqueta describe:

¿Se trata de una esencia natural?

¿En qué porcentaje es natural?

¿Con qué está rebajado?

¿Posee componentes sintéticos?

• Desconfíe si en el envase figura la palabra "fragancia", pues generalmente se trata de imitaciones o compuestos fabrica-dos en base a productos sintéticos.

• Los aceites esenciales destilados son incoloros, y a lo su-mo, podrán verse algo amarillentos. Si nos encontramos con esencias de color fuerte, estaremos frente a una preparación a la que le han agregado colorantes.

En él podemos confiar

El aceite esencial puro de origen es el producto en el que podemos confiar con mayor seguridad. Con él podremos preparar nuestros propios perfumes o aceites para masajes terapéuticos.

Cómo utilizar los aromas para nuestro bienestar

Los aromas actúan en el plano emocional y fisiológico de la persona, penetrando en el organismo mediante las diversas formas de aplicación, para equilibrar y armonizar orgánica y energéticamente nuestro ser.

Se utilizan en la actualidad distintos métodos de aplicación según el estilo o preferencia del terapeuta. Los aceites esenciales se pueden suministrar por vía oral (gotas) o por vía externa, como linimento para frotaciones, diluidos en el agua del baño, etc. Como advertencia general, tome en cuenta que nunca deben ingerirse aceites esenciales en su estado puro.

Masajes, baños y algo más

Generalmente, la aromaterapia se aplica a través de masajes, compresas, baños, cremas, nebulizaciones, ambientadores, gárgaras o gotas.

Masajes y compresas

Cuando se realiza un masaje o se utilizan compresas, los componentes de los aceites esenciales son absorbidos por la piel, entran en el torrente sanguíneo y producen reacciones químicas similares a las de los fármacos.

Baños de inmersión

Los baños de inmersión con esencias tonifican y equilibran el organismo. La sangre y los tejidos se liberan de las toxinas acumuladas, gracias a la acción depurativa de las esencias.

Sahumerios, nebulizaciones

En el caso de inhalaciones producidas por el uso de ambientadores, sahumerios o nebulizaciones, los gases de las sustancias aromáticas son distribuidos por el sistema nervioso y sanguíneo, y llegan al cerebro. De esta forma, producen efectos sobre la mente y las emociones de las personas.

Ciertos aceites poseen contraindicaciones para las mujeres embarazadas, bebés y ancianos, personas alérgicas o con problemas crónicos, como hipertensión o epilepsia. Consecuentemente, recuerde que la automedicación es siempre imprudente: sea responsable y no correrá ningún riesgo evitable.

Los aceites esenciales y el control del estrés

A continuación, hallaremos algunos ejemplos de aromas y aceites esenciales utilizados por la aromaterapia para el tratamiento del estrés y demás afecciones relacionadas.

En su mayoría, los ejemplos elegidos tienden a sobresalir por su acción terapéutica en el plano psicológico y energético de la persona, lo que no quita que posean también efectos positivos a otro nivel.

Le recordamos que la utilización de estos aceites debe hacerse bajo control de un terapeuta especializado.

AROMAS Y ACEITES ESENCIALES ANTI-ESTRÉS	INDICADOS PARA...
Árbol de té	Se prescribe para la fatiga o agotamiento mental y físico y ante la falta de energía vital.
Canela	Se indica para la apatía intelectual y emocional y el desinterés sexual. Colabora con la apertura de aquellas personas que no concretan ni materializan sus ideas y viven de recuerdos pasados. Brinda voluntad y ganas de vivir. Facilita la expresión de las emociones.
Ciprés	Es utilizado para combatir la frustración, la pérdida de voluntad, el deseo de muerte, abatimiento, sedentarismo, insatisfacción, fastidio e irritabilidad. Indicado para personas superadas por sus problemas o con falta de voluntad y creatividad. Otorga capacidad de regenerar la fuerza energética del individuo, voluntad y deseos de vivir.
Lavanda	Es muy recomendado para el tratamiento de la ansiedad, desasosiego, angustia, cansancio, abatimiento. Indicado en personas que están desequilibradas afectivamente, propensas a la agresión o irritabilidad, estresadas y alarmadas.

Manzanilla	Es el indicado para el desequilibrio emocional, hipersensibilidad, angustia con opresión en el pecho y ciclotimia. También para aliviar tensiones musculares y trastornos psíquicos, y para combatir el insomnio y las pesadillas producidos por estrés. Estabiliza y armoniza cuerpo, mente y espíritu. Brinda calma y paz interior. Clarifica la conciencia y favorece al razonamiento.
Mirra	Se utiliza para revertir el aislamiento, la incomunicación y el resentimiento, y para alentar a las personas que se retraen por miedo a ser heridas y temen compartir su intimidad. Ayuda a curar heridas del corazón y facilita la conexión espíritu-mente-cuerpo.
Tomillo	Útil para combatir la depresión, la ansiedad y la hipocondría. Para quienes carecen de fortaleza física y espiritual para salir de las crisis y para aquellos que sólo descansan cuando se sienten totalmente agotados. Despierta la toma de conciencia respecto de las propias capacidades y límites. Nutre a la persona de energía y coraje.

Para relajarnos... o para estimular

Para relajarnos podemos optar por el amaro, cedro, ciprés, clavel, enebro, gálbano, mandarina, manzanilla, mejorana, mirra, rosa o sándalo.

En cambio, para estimularnos recomendamos el uso de angélica, clavo, canela, elemí, eucalipto, hinojo, jengibre, lima, menta, naranja, pimienta negra, pino o romero.

ÍNDICE

CAPÍTULO 1:
Nuestro cuerpo también está en crisis 3

CAPÍTULO 2:
La respiración 21

CAPÍTULO 3:
El yoga 37

CAPÍTULO 4:
La meditación 51

CAPÍTULO 5:
Masajes. digitopuntura, reflexología y algo más 65

CAPÍTULO 6:
El Feng Shui 83

CAPÍTULO 7:
Las plantas medicinales 97

CAPÍTULO 8:
La homeopatía 111

CAPÍTULO 9:
La aromaterapia 117

Este libro se terminó de imprimir en
Mundo Gráfico
Zeballos 885
Avellaneda
Agosto de 2002